# Histoire anecdotique du Pet
# de l'Antiquité à nos jours

Jean Feixas et Romi

# Histoire anecdotique du Pet de l'Antiquité à nos jours

Éditions Ramsay/Jean-Jacques Pauvert
9, rue du Cherche-Midi
75006 Paris

ISBN : 2-85956-966-9

**« Le grand art dans la vie, c'est de savoir péter à temps... »**

*F.M. Marinetti 1876-1944 – Fondateur du Futurisme*
*(Le Roi Bombance)*

**« Il est défendu aux dames patronnesses de quéter sur les pliants »**

*(Contrepèterie classique)*

*À Olivia C.*

# PRÉFACE D'ALPHONSE BOUDARD

## Les riches heures du dieu Crépitus

*J'avoue... un aveu des plus doux... je me bidonne, je me marre, me fends la terrine aux histoires de perlouses et, plus grave, aux incongruités les plus sonores dans les situations les plus mondaines.*

*Stade anal, me rétorque-t-on... les adeptes freudistes... que je suis resté dans les enfances. Mal développé puisque je m'esjouis à ces musiques d'entre-fesses. A les croire, il me faudrait de toute urgence une analyse... que je m'allonge enfin sur le divin divan de cinq à sept et aussi à cinq ou sept cents balles de l'heure.*

*Je préfère, à tout réfléchir, rester en rade avec les pets de mon enfance. Nous touchons, là, l'essentiel.* Il s'agit d'enfance. *D'esprit d'enfance. D'aucuns pensent qu'il est nécessaire de savoir garder toujours toute sa fraîcheur juvénile... que c'est indispensable pour moult activités et surtout pour la création artistique.*

*Dans ces conditions, pétons dans la joie sinon dans la soie. Fi des adultes moralisateurs qui contraignent les pauvres péteurs (priez pour nous) à se torturer le fruit de leurs entrailles. Des générations entières de bourgeois petits ou grands depuis l'ère victorienne se sont privés de cette libération si modeste et bien légitime.*

*Une énorme hypocrisie accompagne cette période de l'histoire de la pétomanie. Il était – oh, il est! – entendu que ces choses-là ne se font que dans les lieux d'aisance. La règle absolue... Et cette coercition nous a donné le péteur honteux, chieur clandestin, les sournoiseries de fond de froc, les soupçons des uns et des autres dans les meilleurs raouts littéraires.*

*L'air de rien... le vent coulis... mais ces affaires de répression en flouseries ont eu des répercussions parfois surprenantes. Certains personnages n'avaient-ils pas à prendre, au travers de leur réussite, une revanche bruyante sur ceux qui les punissaient à l'école ou au catéchisme au moindre pet de travers?*

*Staline, au bureau politique, en lâchait d'énormes, de tonitruants, paraît-il, et les camarades autour d'applaudir à grands cris. Le génial Petit Père, tirant sur sa bouffarde, était alors au comble de la félicité. Tout laisse à penser que durant son enfance géorgienne il avait été puni, humilié pour quelques incongruités malencontreuses à la table familiale ou à l'office religieux. Devenu le plus puissant dictateur que le monde ait subi, eh bien, il pétait, Staline... à la gueule et à la barbe de tous les intellectuels serviles du Comité central. Il pétait sans retenue, comme le peuple pète, puisqu'il était devenu le peuple à lui tout seul.*

*Orson Welles, lui aussi, en lâchait de sévères en public. Nul n'osait le contredire... l'art du contrepet, c'est une autre histoire.*

*Georges Simenon, il m'a été raconté, lorsqu'il était dans le grand monde, en smoking avec son nœud pap, au milieu d'un cercle d'admiratrices ferventes, à la surprenante laissait tomber une formidable perlouse et aussitôt il rassurait son entourage : « Ne bougez pas, n'ayez crainte... ça ne sent pas mauvais! »*

*Ce petit préambule pour vous dire que je suis très honoré d'avoir à préfacer cette* Histoire anecdotique du Pet *de mon ami Romi et de Jean Feixas. N'allez pas croire qu'il s'agit uniquement de gaudrioles, d'une succession d'historiettes de salle de garde. Nos auteurs se sont penchés sur la question avec autant de sérieux que s'ils avaient eu à étudier la sidérurgie allemande au* XIX*e siècle ou l'évolution des mentalités durant les guerres de Religion.*

*Romi lui-même me disait combien il avait été étonné par la richesse de son sujet. Les documents en font preuve. Depuis la plus haute Antiquité, on découvre que le pet passionne et divertit aussi bien les humbles que les puissants. Les Anciens, moins bégueules que nous, vénéraient carrément le dieu Crépitus, représenté en de nombreuses statuettes,* les coudes posés sur les genoux, la tête entre les mains, poussant de toutes ses forces pour faire un pet. *Le Penseur de Rodin ne fait peut-être pas autre chose. Je me pose la question.*

*Ce livre va faire du bruit, j'en suis persuadé. Il nous apprend beaucoup en nous amusant. C'est ça la culture, en définitive. Je n'ignore plus, à présent, que notre quatorzième Louis, le soleil de la monarchie, émettait de* ces bruits d'origine non douteuse qui font trembler les vitres des appartements de Versailles. *Témoignage de la princesse Palatine, ce qui ne nous situe pas dans les écuries du 2e dragon...*

*Mais ne vaut-il pas mieux, à tout prendre, parler de pet que de guerre ? J'ai toujours été surpris, choqué même, par ces critiques qui vous stigmatisent pour une perlouse dans une bluette et restent suaves, la bouche en cul de poule devant les pires atrocités.*

*Jean Feixas et Romi bousculent enfin le bon ton et trouvent le bon vent...*

*V'là le joli vent! Dans les voiles.*

Alphonse Boudard

## En guise d'avant-propos

Un acte d'accusation? Une condamnation nouvelle à ajouter à un casier déjà lourd? Une réhabilitation? Un non-lieu comme pour un délinquant qui passe à travers les mailles? Non.

Il ne s'agit ni d'un inculpé, ni d'un accusé, à qui les circonstances ou son habileté ont un moment permis de rester impuni, qui tel l'escroc mondain a baigné dans les honneurs avant de moisir en cul-de-basse-fosse, non! Ce n'est pas davantage une victime, geignante, ou digne encore, demandant compensation. C'est un lauréat plutôt qui vient tardivement chercher son prix, mais qui vient enfin entre splendeur et infamie, entre hommage et discrédit.

L'incroyable brièveté de sa vie, dont le très éventuel prolongement odorant n'est qu'un dérisoire sursis, a de quoi attendrir les plus cruels. C'est vrai qu'il y aura forcément du parti pris d'indulgence dans la démarche de l'historien. Comme il y aurait du scoutisme à vouloir le guider dans le noir, et du donquichottisme même à partir ainsi en guerre, non plus contre les moulins à vent, mais pour les défendre, justement.

Peut-on donner meilleure preuve de l'intérêt qu'il mérite? Il fait rire tous les enfants... (« attrape-le, disent-ils, peins-le en bleu »). Sa récompense serait-elle qu'il devînt enfin lui-même, qu'il soit connu et reconnu? Ce serait sommaire. Son dû, c'est un magnificat après tant de requiem, c'est d'être célèbre sans ambages, à travers la joie, l'humour et l'amour, même et surtout quand il fut autant mal aimé : après avoir été révéré dans l'Antiquité, anobli par un roi de France à Versailles, il a vécu, presque sans transition, l'opprobre et l'interdiction de sortir. Pourquoi?

Lancé un jour par Mozart pour ridiculiser un musicien rival, révélé un soir par Apollinaire comme un aphrodisiaque, parlons-nous bien du même? Est-il le même lorsqu'il est joyeux et qu'il plaisante que lorsqu'il provoque l'embarras ou l'humiliation? Fait-il en même temps sourire et pleurer? Est-il une injure ou un compliment? Un clin d'œil ou une insulte?

Il existe autant de modes de l'émettre que de l'entendre. Le premier voile à lever est sans doute celui de la méprise, mais ce n'est pas tout. Lui-même n'a-t-il pas, de temps à autre, mérité une correction? Ne s'est-il pas montré parfois indiscret, un brin vulgaire... Il faut le dire si c'est la vérité.

La manière de le produire, sa façon d'exister, de l'écouter, d'en parler, ont changé selon les âges, les civilisations et le milieu.

Quelle complexité, quelles richesses!

Le plan de cet ouvrage, un moment envisagé, l'aurait présenté lié successivement à ses différentes expressions dans les arts, les lettres, le spectacle, la vie quotidienne, chez les Anciens comme chez les Modernes, chez les princes et chez les manants. L'inconvénient eût été de ne pas lui rendre tout le lustre que lui ont conféré certaines époques, d'en raconter des histoires et non pas l'Histoire! C'est ainsi que tout en respectant le vent de l'histoire, nous allons essayer d'écrire l'histoire du vent.

Or c'est précisément cette histoire qui constitue son chant, cette histoire, si révélatrice de comportements, qui montre qu'il fut et reste le compagnon d'un art de vivre.

De nos jours, certains hésitent encore à en parler ouvertement, alors que jamais personne n'est parvenu à le faire taire. Nous allons essayer de les convaincre.

Une anecdote en passant? Quand il a fallu rechercher les images le concernant, et notamment des cartes postales, nous nous sommes adressés à des professionnels du « Vieux Papier ».

Leur classification très variée ne mettait d'abord pas le sujet dans les casiers de la « Scatologie », mais plus poétiquement et souvent dans ceux de la « Fantaisie », ou ceux, plus vagues, du « Divers », plus mystérieux du « Burlesque », plus inattendus du « Régionalisme » (Soissons et ses haricots inspirant les humoristes). Mais cette variété du classement n'avait d'égale que celle des réactions desdits marchands à qui l'on posait la question de savoir s'ils en tenaient ou non : on passait de l'étonnement à l'éclat de rire ou à l'intérêt bienveillant, jamais à l'indifférence : quelques-uns même n'en avaient plus parce qu'ils les collectionnaient eux-mêmes!

Vous commencez à sentir nos affres?

Nous parlons donc de **ce bruit qui n'est jamais sans fondement**, selon la formule classique du regretté Max Favalelli, tortionnaire génial des cruciverbistes. Le mot, dans les grilles de mots croisés, le dispute souvent au rot, autre bruit incongru, mais de vile roture, dans le registre infini des énigmes à trois lettres. Ils finissent de même par un *t*, sont à composition d'air et suscitent, par leur ambiguïté, des définitions drolatiques dans les problèmes. Le joueur est dans le doute, qui rencontre un **quand le gaz part**. Part-il par le haut, et c'est un rot, part-il par le bas que c'est notre mot...

Dans le dernier championnat de France des mots croisés du *Nouvel Observateur*, il fut deux fois proposé, sous les définitions de **ce qu'il ne faut pas faire** et de l'**échappement libre**.

Pierre Doris, chansonnier contemporain, dans un tour de cabaret, détaillant à un moment donné une note de blanchisserie, butait sur le fait que l'on annonçait, pour six francs, le lavage de trois chaussettes.

**« Trois chaussettes? Ah non! poursuivait-il, trois paires de chaussettes! Il y avait un petit *p* qui m'avait échappé... »**

Il ne vous a pas échappé, mesdames et messieurs, que c'est bien du Pet que nous parlons, mais pas seulement de lui, de la vesse aussi (**ô rage, ô désespoir, ô vieillesse traîtresse, je voulais faire un pet et j'ai fait une vesse...**), de la louise, de la perle, de la perlouze, du marron cher à Colette, de la cloque ou du mi-bé-mol, de la pastille, du maousse ou de la boule...

C'est lui, ce sont eux que nous allons célébrer.

Le Pet, qui vient étymologiquement du latin *peditus* (*pedere*-péter), trouve aussi son origine dans le grec *perdein*.

Le Larousse le définit, dans son acception populaire, comme étant le gaz intestinal qui sort de l'anus avec bruit. Le péteux et la péteuse sont des poltrons et le pète-sec est une personne autoritaire.

Si le vent, son synonyme qui se développe pareillement dans les voies digestives, s'en échappe dans une sorte d'explosion, la vesse, émission puante par excellence, se lâche sans aucun bruit. Le vesseur et la vesseuse sont les auteurs de cette fourberie.

Le Pet peut être honteux quand il se fait à peine entendre et c'est un Pet de maçon quand il entraîne de la matière fécale, comparée ici à du mortier, précise encore Pierre Larousse qui, argotant, ajoute que le **pet à vingt ongles** est l'enfant dont une fille vient d'accoucher. Le **pet-de-nonne** est un beignet soufflé, le **pet-en-l'air** un veston de chambre fort court qui ne lui oppose aucun obstacle pas plus que l'habit dit **rase-pet**. La fille qui a déjà vu **péter le loup** est celle qui ayant **cassé son sabot** (dixit le dictionnaire de l'argot parisien de Loredan Larcher) ne peut plus prétendre au titre de rosière.

Le même ouvrage dit que péter c'est **lâcher le gaz** : « **d'autres dans un coin, mais sans honte, lâchent le gaz et font des renards** » (Chansonnier, 1836). **Faire son gaz**, par contre, ce n'est plus seulement péter, mais aller à la garde-robe.

Péter? **C'est déchirer la toile, envoyer**

**l'âme d'un haricot au ciel, annoncer son matricule, avoir la peau trop tendue** ou simplement **fuser.**

Lorsque les enfants l'emploient dans leurs jeux ou que les truands lancent : **« Pet, v'là les poulets »**, c'est que le danger est proche. Il faut quitter rapidement les lieux, sans bruit, **et glisser comme un pet sur une toile cirée**, s'écarter de complices qui ont bien **fait le pet** [1], les **lâcher au besoin comme un pet**, l'affaire ne valant plus un clou, même pas un **pet de lapin**, cette affaire qui vous **pète dans la main**, ce qui est moins grave que si elle vous **pétait dans la gueule.**

N'empêche que la victime ira **porter le pet**, c'est-à-dire se plaindre, (**péter** ou prouter), au commissariat.

Il peut être audacieux, lui qui rime avec toupet ou parfaitement digne en forçant le respect.

Comment bien reconnaître le Pet? Il faut le mesurer. *L'Art de péter* [2] vous donne la méthode : **Faut-il le mesurer à l'aune, au pied, à la pinte, au boisseau?** Non : voici la solution qu'en donne un excellent chimiste; rien même de plus facile et de plus naturel :

**« Enfoncez, dit-il, votre nez dans l'anus; la cloison du nez divisant l'anus également, vos narines formeront les bassins de la balance dont votre nez servira alors. Si vous sentez de la pesanteur en mesurant le Pet qui sor-**

---

1. **« Moi je surveille par là, dit Dandieu. Toi par là. S'il y a du pet, tu ne fais rien sans me prévenir! »** (Jean-Paul Sartre, *La Mort dans l'âme.*)

2. Ouvrage essentiel (1776) dont il sera abondamment parlé au chapitre de l'Age d'Or.

**tira, ce sera un signe qu'il faudra le prendre au poids [1]. S'il est dur, à l'aune ou au pied, s'il est liquide à la pinte, s'il est grumeleux, au boisseau, etc. Mais si vous le trouvez trop petit pour faire l'expérience, faites comme les gentilshommes verriers, soufflez au moule tant qu'il vous plaira, je veux dire jusqu'à ce qu'il ait acquis un volume raisonnable. »**

Il se cache parfois, le coquin, pour sortir sous un déguisement, il prend alors un autre sens, très proche, c'est ainsi que le bois vert pète dans le feu ; à la manière des marrons. Si le cheval qui rue lance au ciel une série de Pets qu'on nomme **pétarade**, le feu d'artifice, toujours selon Larousse, en fait de même au bouquet final. C'est quand même joli, mais pas autant

---

1. Voilà qui était prémonitoire, car que lit-on dans le *Figaro* du 27 février 1991 :

**Peser les odeurs :**

« Une équipe de recherche japonaise a découvert le moyen de peser les odeurs. Yoshio Okahata et ses collègues du Tokyo Institute of Technology ont construit une ingénieuse balance à effluves, capable de mesurer des milliardièmes de gramme de molécules. Il leur a ainsi été possible de peser toute sorte de parfums, commerciaux ou non, et de confirmer que, plus les odeurs pesaient lourd, plus elles étaient ressenties comme étant fortes.

Elle comprend une micro-balance à quartz très sensible dotée d'une sorte de plateau composé de l'équivalent d'une membrane de cellule vivante, un bi-couche de lipides. Les molécules formant les senteurs sont en général beaucoup plus solubles dans des solvants organiques, comme les graisses ou les huiles, que dans l'eau. On pense que cette solubilité est un des mécanismes mis en jeu dans la perception des odeurs.

Les Japonais ont également placé sur leur balance des membranes de cellules olfactives humaines, avec les mêmes résultats. Cette balance à odeurs, que les chercheurs présentent comme physiquement stable et réutilisable, pourrait constituer un nouveau capteur pour déterminer les concentrations de toutes sortes d'odeurs. »

que lorsqu'il s'agit de **pétiller**, d'éclater avec un petit bruit réitéré, et qu'au sens figuré c'est briller d'un bel éclat. Quel chemin parcouru, quel embellissement, sortir de l'anus d'abord, puis jaillir avec éclat des yeux d'une jolie femme dont le regard pétille de malice ou d'intelligence!

Le Pet peut-il donc aussi avoir de l'esprit? Bien entendu!

Même si le Pet, parfois, est entraîné dans des quartiers douteux où il semble avoir tout à perdre, qu'il devient ridicule ou vil, cela n'altère pas son être profond et son charme intrinsèque. « Va donc, eh, gueule de Pet » n'attente en rien au Pet lui-même.

Comment mieux nous faire comprendre? Par l'exemple du *beau*, du *joli*, ou du *propre*. Quand on emploie ces mots sur un ton ironique : c'est du beau! c'est du joli ou c'est du propre! pour dire que c'est sale ou laid, le vrai beau, le vrai joli et le vrai propre n'en souffrent aucunement, convenons-en. Leur pouvoir est intact. Ainsi du vrai Pet.

***

Un grand mystère demeurera : pourquoi le Pet a-t-il, toujours, fait rire ou sourire, même si c'est *in petto?*

Qui rit d'un rot [1], d'une toux, d'un éternuement, autres expirations sonores? Non seulement on n'en rit pas, mais on n'en parle jamais. Alors que le Pet...

Pourquoi seul le Pet? Est-ce parce qu'il sort du postérieur?

1. Le rot est-il un pet qui a pris l'ascenseur?

Pourquoi ce rire? Est-ce pour masquer une gêne?

Il ne semble pas que ce soit une explication suffisante.

Interdit, toléré, recommandé, faible, fort, volontaire, involontaire, discret ou provocant, il déclenche presque automatiquement le rire.

Son interdit renforce sa propriété comique; ce qui est, d'une certaine manière, normal. Mais ce qui l'est moins c'est que sa banalisation ne nuit en rien à son pouvoir risible.

Y a-t-il une relation inéluctable, fatale, mécanique, entre le Pet et la gaieté? A-t-il cette vertu de joie? Ce serait, quelle que soit l'alchimie secrète, une raison supplémentaire de le porter au pinacle. Vive le Pet donc, vive le Pet!

*
* *

L'histoire virevoltante du Pet, sa gloire éclatante, sa fortune incertaine, ou sa dignité flageolante faisant à nouveau place à la renommée de bon aloi, sont un luxe que seuls les fils de dieux peuvent se permettre.

Il est fils de dieu! Nous allons voir que ses origines, qui remontent à l'Antiquité de l'Olympe, lui donnent une auréole de lumière bleutée et de sainteté odoriférante, qu'après quelques vocalises mezza voce, comparables à des éclipses de lune, son explosif apogée eut lieu dans l'orbite du Roi-Soleil. Mais il le cantonna à la Cour de Versailles qui, pour centre du monde qu'elle fût, ne permettait pas que le Pet du Roi soit entendu à l'autre bout du Royaume.

Son incroyable triomphe populaire, dont on imagine mal aujourd'hui l'ampleur, n'eut lieu qu'à la fin du XIXe siècle.

Il lui fallait, après ça, souffler un peu, pour devenir aujourd'hui un mode d'expression qui a très heureusement retrouvé tout son classicisme. Le Pet a droit de cité. Il ne choque pas et continue de plaire. Puisse-t-il en être longtemps ainsi.

# I

# UNE ORIGINE DIVINE ET DES RACINES PROFONDES

## (Antiquité-Moyen Age)

Le Pet a connu les plus grands honneurs dans l'Antiquité.

Les médecins et les philosophes avaient tellement vanté ses mérites et ses bienfaits que les Égyptiens lui vouèrent culte et vénération et le classèrent parmi leurs dieux; ils lui élevèrent des temples, des autels et firent en son honneur des sacrifices. Que l'on veuille bien s'imaginer ce que cela représentait dans une civilisation où le « mystique » était de tous les instants de la vie.

Les Grecs, de leur côté, demeurèrent ses fidèles adorateurs.

A encensé cette divinité, on le verra, le philosophe Cratès de Thèbes qui fut, au IVe siècle avant notre ère, le dernier représentant de l'École Cynique, entre Diogène et Zénon de Chypre, ce Zénon, philosophe inventeur de la doctrine stoïcienne, qui a défendu la liberté du Pet avec énergie et promulgué une loi à ce propos.

Enfin, n'oublions pas que le grand poète comique Aristophane a su faire du Pet le meilleur élément de la gaieté et de l'allégresse dans ses comédies qui amusèrent plusieurs générations.

Les Latins, qui ont utilisé des noms différents pour désigner ce fameux *Crepitus ventris*, lui prodiguèrent autant d'honneurs, mais l'exilèrent ensuite. Il fallut entendre l'arrivée au pouvoir de Claude Ier, pour qu'il retrouve un rang digne de lui.

Tibérius Drusus Claude, né à Lyon (10 av. J.-C.-54 ap. J.-C.), et qui commit l'erreur d'épouser Messaline, puis Agrippine, comprenant les dangers que courait la santé des citoyens s'il ne rendait à ses foyers le Crépitus (qui était interdit dans les réunions et les festins), déclara dans un édit que l'on pouvait librement péter à sa table.

Bien des poètes romains ont ensuite chanté le Pet, Plaute, l'auteur des *Menechmes* ou Martial, célèbre pour ses *Épigrammes*.

Notre ami revenait de loin... comme un enfant prodigue...

***

Il est convenu d'appeler « Moyen Age » le millénaire qui approximativement va de l'an 500 à l'an 1500. Selon des historiens spécialisés, il s'étend des invasions barbares et de la destruction de l'Empire d'Occident jusqu'aux années qui ont suivi la prise de Constantinople par les Turcs, en 1453.

Au IVe siècle, l'empereur s'était converti et le christianisme était la seule religion connue.

C'est le temps où le Diable, épouvantail du peuple, dominait toutes les activités intellectuelles et l'on parla beaucoup de ses rapports avec le Pet.

Même les savants passaient pour des sorciers, car on ne voulait pas admettre qu'un homme parvînt, sans le secours du Diable, à embrasser l'universalité des connaissances humaines.

Les Croisades transformèrent la vie des seigneurs qui, ayant visité l'Orient, avaient pris le goût du luxe des vêtements, des armes et du décor. Ils firent construire de beaux châteaux forts, offrirent de grandes réceptions. Après le festin, on chantait, on récitait et l'on pétait joyeusement.

Les troubadours et les jongleurs étaient les amuseurs de l'époque. Guillaume IX, le duc d'Aquitaine, fut le premier troubadour; parmi les quelques pièces qu'il écrivit, on a retenu six petites œuvres licencieuses, obscènes et même scatologiques où le Pet joue son rôle (entre 1100 et 1127). Vinrent ensuite des chansons d'amour que les troubadours chantaient aux pieds des dames, pendant que les gentilshommes étaient à la chasse.

Si l'on en croit plusieurs écrivains et historiens, devant les incongruités des bateleurs et jongleurs, Louis XI refusa de recevoir ces spécialistes de la grossièreté et de la chanson de gestes ordurière; il autorisa seulement les ménestrels, plus convenables...

C'est, cependant, au XV^e^ siècle que fut écrit le recueil des *Cent Nouvelles du bon roi Louis XI*, composé d'aventures grassement plaisantes survenues au souverain et à son entourage. (Cet ouvrage contribue à donner consistance aux accusations de débauche portées contre la Cour.)

Quelques titres de ce recueil sont édifiants, comme *le Cul d'écarlate* ou *le Cocu armé*. On sait, d'autre part, que le roi encourageait la licence des conteurs.

Le sire de Dammartin, Jean de la Roche, Antoine de la Salle et autres officiers de sa maison rivalisèrent de hardiesse dans leurs récits grossiers, aux veillées du soir, auxquelles les femmes n'assistaient pas.

Les grivoiseries étaient coupées par des Pets bruyants qui amusaient les connaisseurs.

On a conservé un ensemble des fabliaux alors à la mode dont les titres suffisent à donner le ton : *Fabliau de la merde* ou encore : *Du chevalier qui ferait parler les culs...*

Des personnages très sérieux comme l'abbé Richaume du monastère de Schoenthal, en Franconie, un saint homme béatifié sous le nom de « Richalmus », a raconté que le Diable provoquait chez lui des **« Pets bruyants et des vomissements »...**

Le Pet était devenu très populaire à la fin du Moyen Age, et lorsqu'en 1413, une toux épidémique se répandit à Paris, ceux qu'avait épargnés le mal ou qui s'en étaient guéris, se moquaient de ceux qu'ils entendaient péter en leur disant : **« Par ma foi ! Votre cul a la toux ! »** C'était une allusion à une chanson très populaire que l'on reprenait en chœur deux ans plus tôt en voyant, en hiver, grelotter les prostituées dans les rues :

**« Votre cul a la toux, commère !**
**Votre cul a la toux, la toux ! »**

## LE DIEU CRÉPITUS DES ÉGYPTIENS

Clément d'Alexandrie (140-220), le premier écrivain chrétien qui ait composé quelques traités et assumé toutes les traditions religieuses de l'humanité, a été assez rapidement oublié par la chrétienté, sans doute parce que son œuvre fut jugée « insuffisamment ecclésiastique »...

Avant de se fixer en Égypte, à Alexandrie, il voyagea longtemps, visitant la Grèce, l'Italie et l'Asie méridionale. Selon cet exégète de qualité, Crépitus, le dieu du Pet, aurait été inventé par les Égyptiens, et plusieurs textes de saint Jérôme, de saint Césaire et de Minutius Felix ont confirmé cette élévation du Pet au rang de divinité.

Les habitants de Pelouse affirmaient qu'il est **« le signe extérieur du respect d'un sujet envers son prince et le tribut d'un vassal à son seigneur »**.

Objet du culte et de la vénération d'un grand peuple, sage et religieux, le Pet eut droit à des temples, à des autels et à des sacrifices, car on le considérait comme une divinité bienfaisante. Lorsqu'un Égyptien avait pu échapper à la maladie ou même à la mort en lâchant un Pet au bon moment, il allait, en signe de reconnaissance et comme ex-voto, suspendre dans le sanctuaire de la divinité une tablette sur laquelle on lisait des inscriptions dans le genre de celles que l'on voit, de nos jours, dans des églises, à Lourdes surtout :

**« Au Pet conservateur de la santé**
**Au Dieu Propice**
**Qui lui vint en aide et lui sauva la vie**
**N.N. fils de M. par reconnaissance**
**et pour accomplir son vœu**
**plaça ce monument à ses frais... »**

Durant des siècles, il y eut de nombreuses discussions au sujet de certaines statuettes de bronze représentant le dieu propice Crépitus. Il s'agit, généralement, d'un homme nu, accroupi, les joues gonflées, les coudes posés sur les genoux et la tête entre les mains. Des historiens sérieux ont affirmé qu'indiscutablement, c'étaient des figurines représentant le fameux Crépitus, **« poussant de toutes ses forces pour faire un Pet!! »**.

En 1767, un célèbre archéologue, spécialiste des antiquités égyptiennes, étrusques, romaines et gauloises, graveur à ses heures, Anne-Claude-Philippe de Tubières, comte de Caylus, a publié la gravure d'une de ces statuettes; dans son texte, il affirme à son tour que c'était bien là une représentation de la divinité : **« S'il est vrai que les Égyptiens ont reconnu le dieu Pet, que les Romains l'ont vénéré sous le nom de Crépitus, cette figure de bronze accroupie qui n'est chargée d'aucune coiffure ni même d'aucun genre de vêtement, et dont la tête est rasée, cette figure, dis-je, nous donne la représentation de ce Dieu; tout ce qu'on y peut remarquer convient à une divinité familière et sans cérémonie, d'ailleurs son action est parfaitement représentée, elle est juste et momentanée, telle enfin qu'elle doit être pour ce genre d'expression; je dirai plus : j'en ai peu vu**

**d'aussi complètes de cette nature, soit pour le nu, soit pour le trait et la disposition : elle a même des sentiments de chair ! Ces raisons m'engagent à regarder ce bronze comme un monument rare et recommandable, toute idée de représentation mise à part. »**

On voyait autrefois, dans le petit cabinet de Sainte-Geneviève, à Paris, une statuette de bronze qu'une attitude semblable à celle de la figure décrite par M. de Caylus avait fait appeler Crépitus.

Mais dom Bernard de Montfaucon, savant bénédictin (1655-1741) qui groupa plusieurs érudits à l'abbaye de Saint-Germain, n'avait pas la même opinion.

Selon lui, le dieu Pet n'avait nul besoin d'être nu, avec les joues gonflées, ni d'être accroupi, et la statuette en question pouvait fort bien représenter, non pas Crépitus... mais... **« un homme chiant »** *(sic)*.

## LES PREMIERS LAUDATEURS GRECS DU PET

L'Antiquité grecque se passionna, à la mode égyptienne, pour le Pet. Dès le IX$^{e}$ siècle avant Jésus-Christ, le grand poète Homère, auteur présumé de l'*Iliade* et de l'*Odyssée*, dit « le Père de la Poésie Grecque », a attribué, dans son Hymne à Hermès, le premier triomphe pétomane au petit Hermès, le fils de Zeus et de Maïa : **« Lorsqu'il tomba des bras de son frère Apollon, il lâcha un petit présage, insolent serviteur de son ventre, messager impudent !... »**

Aussitôt que Zeus eut entendu le Pet de son fils, il fut pris d'un énorme rire qui se répandit dans tout l'Olympe et, délirant de joie, il dit à sa femme : **« Coquin d'enfant ! Coquin d'enfant ! Ah ! Maïa, mon épouse ! Quel enfant précoce a jailli de tes flancs immortels !... »**

C'est ainsi sans doute que, de siècle en siècle, on dit depuis, « un rire homérique... » pour un rire bruyant.

Selon les Grecs, le Pet était déjà bon pour la santé. Hippocrate, le père de la médecine (460-437 avant J.-C.), chef d'une école médicale intégrant, pour la première fois, la santé et les maladies dans le système des phénomènes naturels, a tellement surpris par ses connaissances la plupart de ses contemporains qu'ils trouvèrent difficile de le considérer comme un simple mortel et qu'ils le firent descendre d'Esculape par son père et d'Hercule par sa mère. C'est lui, qui, dans son immortel « serment », a fixé le comportement du praticien à l'égard de ses malades. Désirant, avant tout, aider l'action spontanément favorable de la nature, il proclama que le Pet était bienfaisant : **« Les émanations de l'anus, fétides et réitérées, soulagent le ventre !... »**

De nombreux philosophes allaient, à leur tour, défendre le Pet.

Métrocles, un disciple du philosophe Théophraste (372-287 avant J.-C.), se livrait, dit-on, à de longues et profondes méditations ; or, un jour qu'il était particulièrement absorbé, il lâcha un Pet, ce dont il conçut tellement de honte qu'il s'enferma chez lui, résolu à se laisser mourir de faim.

Cratès, informé de cette décision, se rendit

chez Métrocles, après avoir mangé un énorme plat de lupin [1]. Il fit un long discours au philosophe suicidaire, l'engageant à ne point prendre un parti aussi funeste et comme toute sa rhétorique n'avait pu faire renoncer son ami à son tragique projet, il lâcha lui-même un gros Pet. Cet exemple réconforta le philosophe qui reprit goût à la vie.

Cratès a prouvé ainsi, dirent plusieurs historiens, **« l'irrésistible éloquence de Crépitus ! »**.

Ce Cratès de Thèbes, philosophe de l'École Cynique (créée à Athènes vers 328 et qui poursuivit sa brillante carrière au cours de ce IVe siècle), se situe entre Diogène et Zénon. Ardent défenseur du « Bombus », on peut affirmer que grâce à son autorité morale considérable, il a participé à la liberté du Pet, montrant le chemin à Zénon, qui fonda l'École des stoïciens. Ce célèbre philosophe décréta officiellement que le Pet devait être libre et il affirma qu'une telle liberté permettrait aux hommes de vivre plus longtemps.

Il en a donné la preuve lui-même, puisqu'en se nourrissant de fèves et de lupin, il péta souvent et put ainsi atteindre, sans maladie, sa soixante-deuxième année. Peut-être aurait-il même vécu plus longtemps encore s'il ne s'était pas étranglé dans une chute malencontreuse...

Zénon, après avoir fait promulguer la loi sur « la liberté zéphyrienne », donnait lui aussi le bon exemple en se nourrissant de lupin et en pétant en tout lieu.

Un autre Grec, Télémaque d'Acharnes, afin d'avoir à sa disposition le bienfaisant Crépitus,

1. Le lupin est un genre de légumineuses, papilionacées, employées en fourrage (Petit Larousse).

ne passait pas un seul jour sans ingurgiter une soupe de fèves, prétendant qu'il voulait être certain de célébrer convenablement le solennel anniversaire des Pyanepsies...

Ces Pyanepsies étaient des fêtes que donnaient les Athéniens en l'honneur d'Apollon et de Minerve, en mémoire d'un repas de fèves qu'avaient fait Thésée et ses compagnons pour remercier ces divinités de la victoire sur le Minotaure...

Une loi religieuse, très sévère, prescrivait aux Athéniens de se nourrir exclusivement de légumes et plus spécialement de fèves... A ce sujet, un auteur bien informé a prétendu que les Athéniens ne pouvaient inventer de parfum ni d'encens plus agréable à une divinité, plus dignes de lui être offerts, que « l'odeur suave du Pet... ».

## LE PET FAISAIT RIRE AU V^e^ SIÈCLE AVANT J.-C...

Le succès comique du Pet a commencé avec les Comédies d'Aristophane dont on n'a jamais fixé l'état civil avec précision. Pour les auteurs du Petit Larousse, il serait né en 445 et mort vers 386, alors que ceux de *L'Encyclopædia Universalis* situent son décès en 380.

Par contre, tout le monde semble d'accord sur l'année de la représentation de sa première pièce : *Les Banquêteurs* (427), dans laquelle, sous un nom d'emprunt, il se moquait des sophistes ; il conserva le même pseudonyme pour signer la seconde, *Les Babyloniens*, dirigée contre le démagogue Cléon. Sur ses quarante œuvres connues, quelques-unes sont agrémentées d'allusions très directes au bombus, ce Pet qui faisait tellement rire les spectateurs. Les exemples sont nombreux : Xanthias, l'un des personnages des *Grenouilles*, va bientôt mourir, épuisé sous le poids d'une charge pesante, quand il a la bonne idée de lâcher un vent bruyant :

**« Un tel fardeau, dit-il, m'accable et me succombe... si nul ne m'aide, il faut que je lance une bombe ! »**

Cet appel au dieu Crépitus lui ayant permis de lancer sa bombe, Xanthias retrouve ses forces et peut reprendre la route d'un pas allègre et dégagé.

De même, dans *Les Nuées* (en 423), où Aristophane se moquait de Socrate, on rit énormément de ses imitations de Pets :

**« Comme la foudre, il gronde en mes [flancs qu'il dilate.**
**Jusqu'à ce qu'au-dehors à coups secs il [éclate.**
**D'abord tout doucement, il prononce : [pappax !**
**Puis poussé par Stercus, il sonne papap- [pax !**
**Et quand vient la débâcle, il fait papap- [pappax !... »**

On trouve, également dans *Les Nuées*, la comparaison de l'anus avec une trompette !...

Plus loin, un personnage donnait aux amateurs de Pets une bonne recette : « **Alors, j'ingurgitai tout un plat de purée !** » et deux répliques plus loin, il annonçait en riant le résultat :

**« C'est vraiment merveilleux comme ils [s'échappaient dru !...**
**... De mes flancs ballonnés en captifs [incongrus ! »**

Enfin, dans cette comédie, bien souvent traduite en français, on apprend qu'une simple frayeur provoque des Pets chez une femme âgée :

**« De peur lâchait des vents plus puants [qu'une fouine ! »**

Passionné par le sujet, Aristophane, en 422, évoquait la joie de l'homme qui lâche un Pet après un bon repas :

**« Dès qu'il fut gorgé d'une foule de bons [plats,**
**Il se mit à sauter, à bondir, à rire et à [péter ! »**

Dans *La Paix*, c'est encore une joie que manifeste, en pétant, un homme qui vient de quitter l'armée :

**« Je suis si heureux, si transporté, de ne plus porter le bouclier : je pète et je ris ! »**

Obstiné, Aristophane, dans *Plutus*, fait allusion aux riches Athéniens qui pétaient au cours des festins :

**« Argyrius montre son opulence**
**Avec les vents que son derrière lance !... »**

Selon ce poète, le rôle des femmes dans la société serait bientôt transformé : dans *L'Assemblée des Femmes*, en 392, Chrémès explique à Bléphyrus que son épouse ira à sa place au Tribunal et nourrira ses enfants...

« **Je n'aurai donc plus**, demande Bléphyrus, **à me fatiguer dès le point du jour?...**
– **Non,** lui dit Chrémès, **tu pourras péter chez toi tout à ton aise!... »**

Ajoutons que le Carion d'Aristophane croyait honorer avec plus de respect son dieu en pétant qu'en lui adressant des prières ferventes :

**« Quand du dieu, dit-il, j'approchai**
**Quel Pet superbe je lâchai... »**

***

Plus tard, au IIe siècle de notre ère, un autre poète grec, Nicargue, à qui l'on a attribué trente-huit épigrammes plutôt licencieuses (dont une demi-douzaine ne sont pas de lui!...) a composé un *Éloge du Pet*, qu'il compare à un roi tout-puissant dont le pouvoir est si grand qu'il peut, à volonté, donner la mort ou sauver la vie :

**« Oui! le Pet c'est la mort si captif il [demeure,**
**C'est aussi le salut s'il s'échappe sur [l'heure!**
**Ainsi, tuer, sauver, voilà quels sont ses [droits!**
**Son pouvoir va de pair avec celui des [Rois! »**

C'est également Nicargue qui a souligné l'aspect mélodique du Pet, en affirmant que **« le Pet produit un gazouillement musical ».**

## LE CRÉPITUS DES ROMAINS

Pour désigner le Pet, les Romains utilisèrent différents substantifs : Bombus, Bombulus, Flatus, Spiritus, Sibillus ani; toutefois le plus employé, hérité des Égyptiens, était Crépitus.

Ainsi que l'avaient conseillé les stoïciens, la devise des hommes était « A la liberté », et comme Cicéron l'écrivit dans une *Épître familière à Paete* (174) : « Il faut faire et se conduire en tout selon que l'exige la nature... »

Le Pet étant un phénomène naturel, on risquait, disait-on, de **« commettre un nombre plus grand d'incongruités, parce que l'on ne saurait alors supporter la douleur des coliques et des tranchées et les vents se présenteraient en foule, poussant l'individu à lâcher une épouvantable canonnade! »**

Cette liberté des entrailles fut longtemps qualifiée de respectable et d'essentielle.

Lorsqu'un Crépitus se faisait entendre, les assistants se tournaient vers le midi, l'auster, patrie des vents et, gonflant leurs joues, ils faisaient semblant de souffler.

Les plus hauts personnages affirmaient que **« les plaintes du ventre et de l'estomac ne doivent pas être étouffées ».**

Le Pet des femmes enceintes permettait

même de deviner le sexe de l'enfant attendu : **« Lorsque, dans des convulsions amoureuses, une femme laisse échapper un vent, on sait si ce sera un garçon ou une fille... s'il sortait avec bruit, l'enfant serait du sexe masculin, s'il s'échappait sans bruit et avec odeur, il serait du sexe féminin... »**

Ce Pet était même une attraction, pendant les festins ; chaque convive pétant à sa façon, l'ensemble formait une sorte de concert, très applaudi.

Suivant l'exemple des Égyptiens et des Grecs, les Romains nommèrent Crépitus le dieu des vapeurs intérieures, qui fut mis en vers et fêté. D'illustres personnages politiques l'autorisèrent à se manifester. Caton l'Ancien, « le censeur » (234-149 av. J.-C.), s'est flatté d'avoir permis à ses esclaves de péter, car il trouvait que cela ne faisait pas de mal !...

***

Non seulement ce vent mélodieux ne faisait pas de mal, mais il provoquait encore le rire des spectateurs des Farces de Titus Maccus Plautus, Plaute, auteur et animateur (254-184 environ, av. J.-C.). On prétend qu'il écrivit et présenta plus de cent vingt pièces, mais une vingtaine seulement sont parvenues jusqu'à nous : *Amphitryon, Asinaria* (« la Comédie de l'âne ») *Aulularia* (« la Marmite »), *Casina, Curculio, Les Ménechmes,* etc.

Si Plaute emprunta ses sujets et ses personnages aux écrivains grecs, il sut y ajouter quelque piment et si l'on peut observer chez lui un nouveau comique raffiné, il faut reconnaître qu'afin de flatter le goût de ses contemporains pour la farce, il n'a pas hésité à utiliser, dans plusieurs de ses œuvres, le Pet. L'idée était bonne, puisqu'elle lui apporta la célébrité et la fortune.

Dans sa fameuse comédie *Aulularia* (« la Marmite »), il imagina un dialogue entre Strobile et Congrion, qui critiquent l'avarice d'un vieillard :

« **Quand il va se coucher,** dit Strobile, **il s'attache une bourse devant la bouche...**

– **Pourquoi?** demande son interlocuteur.

– **Pour ne pas perdre son souffle en dormant... »**

Et Congrion demande alors :

**« S'en met-il une à la bouche de derrière pour conserver son souffle pendant son sommeil?... »**

Réplique qui déclenchait l'hilarité générale...

***

Après Plaute, le poète bouffon Catulle (87-54 av. J.-C.) utilisa le Pet comme souffle lyrique et sut exploiter toutes les ressources de la langue et de la poésie populaires.

Son œuvre est remplie de contradictions, car il a su mêler à des finesses aristocratiques des grossièretés et des obscénités. L'auteur des *Noces de Thétis et de Pélée* a même prétendu avoir vu, de ses yeux vu, un Pet...

**« ... Le zéphyr de Libon...**
**Traître et nauséabond. »**

*
* *

Cette histoire séduira plus tard Emmanuel Marti qui écrira :

« Bienheureux cent fois le poète de Vérone qui mérita de connaître de vue un héros si fameux !

« Certes, il n'est aucun mortel à qui, de mémoire d'homme, un tel honneur ait été accordé par les dieux ! »

*
* *

Horace (Quintus Horatius Flaccus), (65-8 av. J.-C.), critiqua les comédies à succès de Plaute :

« Nos aïeux d'il y a longtemps ont admiré les vers et les plaisanteries de Plaute... excès d'indulgence, à mon sens, pour ne pas dire sottise, à moins que nous ne sachions distinguer un bon mot d'un mot grossier... »

Cette appréciation personnelle n'a pas empeché Horace, le brillant auteur de *L'Art Poétique*, de recueils lyriques, d'odes et de satires malicieuses, de relater l'aventure du dieu Priape qui péta de peur en apercevant deux sorcières en plein travail...

**« Boum ! fit-il, en fuyant l'objet de son [dédain.**
**Comme fait la vessie en éclatant soudain ! »**

Les deux sorcières citées par Horace, Canidie et Sagana, qui étaient en train d'évoquer les mânes dans un jardin, accomplissant tranquillement incantations et sacrilèges, ayant entendu le vent bruyant lâché par Priape, se sauvèrent et s'empressèrent

**« ... de courir vers la ville et semer en [désordre,**
**L'une, ses fausses dents, l'autre, ses faux [cheveux,**
**Puis les anneaux et l'herbe exauçant tous [leurs vœux,**
**C'était de quoi rire à se tordre ! »**

(Traduction de la Satire III,
Livre I.)

## « PÉTEZ À MA TABLE ! » DÉCRÈTE L'EMPEREUR CLAUDE...

Au cours des siècles suivants, le Pet, pour des raisons diverses, fut exilé de Rome. Il ne retrouvera une place dans la gaieté romaine qu'à l'arrivée au pouvoir de Tiberius Claudius Nero Drusus, l'empereur Claude Ier, poussé sur le trône malgré lui et l'opposition du Sénat, par des prétoriens en quête d'empereur.

Claude passait pour un faible d'esprit, à cause de quelques défauts physiques, bégaiement, tremblements nerveux, frayeurs enfantines, alors que c'était un homme cultivé, passionné d'histoire et de grammaire.

Il sut d'ailleurs donner à la monarchie les moyens d'action et les institutions qui lui manquaient.

Malheureusement sa Cour fut un foyer d'intrigues entre ses épouses et les affranchis. La quatrième de la collection, Messaline, déshonora la couche impériale et se permit même d'épouser publiquement Silius, l'un de ses amants, du vivant de son époux! Lorsqu'elle fut enfin exécutée, Claude épousa Agrippine, sa propre nièce, qui lui fit adopter son fils d'un premier lit, le futur Néron! Quand elle fut certaine de réussir, elle fit empoisonner le malheureux Claude...

Si cet empereur a droit à une place dans l'histoire, il convient aussi de souligner le rôle important qu'il a joué dans l'évolution sociale du Pet...

La Harpe, dans une traduction fidèle des *Césars* de Suétone, a donné cette intéressante précision :

**« L'Empereur Claude avait fait publier un édit par lequel il permettait de lâcher des vents à sa table parce qu'il avait appris que l'un de ses convives avait été fort incommodé de s'être retenu devant lui... »**

A propos de cet édit, Claude aurait déclaré :

**« Je ne consens pas à ce que mes sujets portent le respect au point de se laisser périr, après d'affreuses coliques, plutôt que de péter en ma présence!... »**

Plusieurs historiens ont cru voir dans cet édit une arrière-pensée politique : **« L'empereur Claude avait surtout reconnu l'utilité des Pets pour la République!... »**, alors que d'autres ont reconnu la bonne foi de Claude :

**« Ce prince avait parfaitement compris le danger que courrait la santé des citoyens, s'il**

**ne rappelait dans Rome et s'il ne rendait à ses foyers le fameux Crépitus, depuis si longtemps proscrit !... »**

D'après le témoignage de Sénèque, consigné dans *La Métamorphose de la Citrouille*, **« la dernière parole que proféra Claude parmi les hommes fut un son puissant, émis par l'organe le plus éloquent de sa personne... après quoi, il se conchia tout ! »**

En l'an 54, dès que ce sage empereur eut rendu le dernier soupir... Crépitus, de nouveau banni, reprit le chemin de l'exil, « au grand détriment de l'humanité », diront ses défenseurs et on le retrouvera plus tard, accompagnant de sa musique de joyeux festins...

## LE PET JOYEUX DES PREMIERS SIÈCLES DE NOTRE ÈRE

Quintilien, rhéteur latin du Ier siècle, classique et judicieux, auteur de *l'Institution Oratoire*, a parlé des bienfaits du Pet et l'on a mis en vers une traduction de son texte :

**« Un pet, qui, pour sortir, a fait un vain [effort,**
**Dans les flancs déchirés reportant sa furie,**
**Souvent cause la mort.**
**D'un mortel constipé qui touche au [sombre bord,**
**Un Pet, à temps lâché, pourrait sauver la [vie ! »**

***

Pétrone, à la même époque, a écrit, dans son *Satyricon*, mélange de vers et de prose, le « Festin de Trimalchion », description humoristique d'un de ces repas somptueux alors à la mode :

**« Trimalchion rentra... Excusez-moi, dit-il, mes amis, depuis quelques jours, mon ventre ne fait pas ses fonctions, et les médecins n'y connaissent rien.**

**« ... J'espère toutefois que l'orage qui grondait dans mes entrailles va se calmer, autrement mon estomac retentirait d'un bruit semblable au mugissement d'un taureau. Au reste, si quelqu'un éprouve un pareil besoin, il aurait tort de se gêner. Personne de nous n'est exempt de cette infirmité. Pour moi, je ne crois pas qu'il y ait un plus grand tourment que celui de se contraindre en pareil cas. Jupiter lui-même nous ordonnerait en vain cet effort. Vous riez, Fortunata! Vous, dont les bruyantes détonations m'empêchent toutes les nuits de fermer l'œil! Jamais je n'ai empêché mes convives de prendre à table toutes les libertés qui pouvaient les soulager... »**

Reprenant une facétie d'Aristophane, Pétrone a raconté l'aventure de Corax, son mercenaire, qui, épuisé de fatigue, pria le bon dieu Crépitus de le secourir... **« A l'instant même, levant un peu la jambe, il remplit la voie d'un bruit et d'une odeur... Ensuite, ses forces retrouvées, il reprit sa route... »**

## LES « ÉPIGRAMMES » DE MARTIAL...

Né en Espagne, vers 43 après J.-C., le poète Martial passa trente-cinq ans à Rome où il vécut comme un prince, grâce aux libéralités de Titus et de Domitien qu'il comblait de flatteries.

Ses *Épigrammes*, courtes poésies, sont aussi nombreuses que variées, on en compte mille cinq cent soixante-quinze, divisées en quatorze livres; on y lit tous les faits saillants de son temps. Poète attiré par l'obscénité, il a beaucoup parlé des Pets.

En l'an 100, il écrivait que Symnaque, l'orateur, qui fut préfet de Rome en 386 et consul en 391, avait dit en souriant à une dame :

**« J'aime bien mieux un Pet, c'est la santé du corps et la gaieté de l'âme! »**

Se faisant l'écho des goûts de ses contemporains, Martial prétendait que l'on ne pouvait imaginer meilleur symbole que le Pet pour représenter l'amitié :

**« Assurément, Crispus, nous sommes [grands amis...**
**Puisqu'à péter, à mon nez, tu t'es mis!... »**

Par contre, Martial, dans son Épigramme 77 au livre XII, relata la colère de Jupiter contre le malheureux Œthon, qui avait cru l'honorer en pétant dans le Capitole :

**« Un jour que, dans l'attitude la plus humble et la plus respectueuse, il adressait ses vœux à**

**Jupiter, Œthon fit un Pet au milieu du Capitole. Les assistants en rirent à l'envi, mais le Père des Dieux, offensé, condamna le coupable à ne pas souper hors de chez lui trois jours durant. Depuis cette aventure, le malheureux Œthon, quand il songe à venir au Capitole, se rend d'abord aux privés de Patrocle et lâche dix, vingt pets. Mais, en dépit de ces précautions, il a soin de serrer les fesses pour saluer Jupiter!... »**

Dans son Épigramme 88, livre VI, Martial s'intéressa aux Pets de Bassa, la maîtresse de Fabulus, une dame sujette aux vents...

***

Saint Augustin (354-430), évêque d'Hippone, près de Bône, devint, après une jeunesse orageuse, le plus célèbre des Pères de l'Église latine. Théologien, philosophe et moraliste, l'auteur de *La Cité de Dieu* et des *Confessions* a parlé de certains précurseurs du Pétomane. Montaigne a commenté son texte : **« Saint Augustin**, écrivait l'auteur des *Essais*, **allègue avoir vu quelqu'un qui commandait à son derrière autant de Pets qu'il en voulait, et Vivès, son glossateur, enchérit d'un autre exemple de Pets organisez, suivant le ton des voix qu'on leur prononçoit... »**

Saint Augustin a même précisé que ces personnes qui émettent par l'orifice inférieur **« autant de Pets qu'ils en veulent, semblent chanter par cet organe ».**

## LES CONTES DE CANTERBURY[1]

L'œuvre de Geoffroy Chaucer, né à Londres vers 1342, est l'un des monuments de la littérature anglaise. *Les Contes de Canterbury* (1386) en sont le chef-d'œuvre. Ces contes sont ceux que narrent à l'auteur, de Londres à Westminster, des pèlerins allant sur le tombeau de saint Thomas Becket. Ils dressent un tableau complet de la société anglaise du XIVe siècle, les trente pèlerins formant en effet un échantillonnage savamment dosé de la population du pays.

Le propriétaire terrien, le moine, l'artisan, le noble, le clerc d'université, l'homme de loi aussi bien que le médecin, la prieure du couvent ou la petite-bourgeoise sont réunis cinq jours durant ce voyage dont beaucoup d'aspects s'éloignent de la religion.

Tour à tour pathétiques, satiriques ou comiques, *les Contes de Canterbury* traitent des travers humains avec grande justesse et, parfois, une note de... réalisme.

On parle donc du Pet. Ainsi dans l'un des contes qui met en scène un moine mendiant, un paysan malade et son épouse généreuse.

Le moine est venu quêter au domicile du paysan dans son lit, qui, très ladre, refuse l'aumône. La femme, soit par piété, soit par pitié, exhorte son mari à fléchir. Le mari finit par y consentir en disant au moine :

1. Les *Contes de Canterbury* ont inspiré, en 1972, un film italo-britannique en couleurs de P. Paolo Pasolini, avec H. Griffith, J. Francis Lane, F. Citti, N. Davoli, L. Betti et J. Chaplin. La paillardise prévaut dans cette œuvre de l'Italien maudit.

« Je vais te faire un don... prends-le tel qu'il est car je n'ai rien d'autre à t'offrir (...) Mais tu ne l'auras que si tu promets de le partager équitablement avec tes frères du couvent (...).

– Je te le jure, sur ma foi, je ferai ce que tu veux !

– Très bien, alors écoute, glisse ta main sous mon dos. Tâtonne avec soin sous mes fesses. Tu y trouveras le trésor que je te réserve.

Coulant sa main sous le malade, le moine arriva à la fente des fesses et le malade lui péta aussitôt dans la main. Le bruit fut splendide, digne d'un cheval de labour. Le moine, furieux, se redressa d'un bond.

– Butor, cria-t-il, tu l'as fait exprès, par pur vice (...).

Le moine, chassé par les gens du malade, reprit sa route et s'ouvrit de cet affront à un noble dont il était le confesseur (...).

– C'est toute l'Eglise qui a été bafouée, s'exclame-t-il.

De plus, il devait tenir, malgré tout, sa promesse jurée : le problème était diabolique, comment répartir, entre treize moines, le bruit et l'odeur d'un pet ? un pet, ce n'est que de l'air qui résonne et qui, de surcroît, diminue peu à peu (...) !

L'écuyer du châtelain qui se trouvait là, prit la parole :

– Monseigneur, avec votre permission, je peux dire à frère John comment s'y prendre pour partager ce pet. Il ne vous en coûtera pour que je dise le secret qu'une pièce de tissu dans laquelle je me taillerai une tunique.

– Parle et tu l'auras, dit le noble.

– Voilà, par temps calme et dégagé, on pla-

**cera une roue de charrette à l'entrée du couvent. Elle aura douze rayons. Frère John, le treizième moine, s'accroupira sur le moyeu. Chacun des douze frères s'agenouillera et posera son nez au bout de chaque rayon. Frère John, ventre dur et tendu comme un tambour, lâchera un pet. Alors vous verrez que le bruit et l'odeur chemineront ensemble jusqu'à l'extrémité des rayons (...). »**

Le seigneur et son épouse, au contraire du moine, s'amusèrent de cette trouvaille et l'écuyer eut droit à sa pièce de tissu.

***

Dans la seconde moitié du XV^e^ siècle, on chantait une gaillarde chanson de moines qui, un soir qu'ils rentraient au couvent « ronds comme des futailles », provoquèrent une mêlée générale avec d'autres moines sevrés de bonne chère et fort jaloux de leurs collègues paillards. La chanson se termina ainsi :

**« Chacun ayant pris son arme,**
**Fut partout porter l'alarme,**
**Mais au milieu du vacarme,**
**Frère Étienne fit un pet,**
**Mais un pet de telle taille,**
**Que jamais, jour de bataille,**
**Canon chargé à mitraille,**
**Ne fit un pareil effet!**

**Ainsi finit la mêlée,**
**Car la troupe épouvantée,**

**S'enfuyant sur la montée,
Pensa se rompre le cou;
Tandis que Frère Étienne,
Riant à perdre haleine,
Et frappant sur sa bedaine,
Amorçait un second coup! »**

## UNE « FARCE » DU PECT EN JUSTICE... AU XVIe SIÈCLE

« Farce » est le nom qu'avaient donné les Italiens aux petites saynètes qui clôturaient un spectacle. En France, ce genre de facétie souvent improvisée a commencé pendant les fêtes du Mardi gras et son nom viendrait, dit-on, des dialogues « farcis », où se mêlaient le patois, le français et le « latin de cuisine »...

Avec le temps, elle devint l'un des spectacles les plus populaires de Paris; joyeuse et grossière, la farce était présentée sur des planches posées sur tréteaux, abritée par une toile de bateau, en plein air, place Dauphine ou sur le Pont-Neuf.

Au début du XVIe siècle, alors que commençait le règne de François Ier, une « farce », où l'on voyait une « péteuse » condamnée par les juges, remporta un énorme succès. Son titre avait suffi à attirer le public :

*Farce nouvelle et fort joyeuse du pect, à quatre personnages, c'est assavoir : Hubert, sa femme, le juge et le procureur.*

La discussion entre Hubert et son épouse à propos d'un vent faisait beaucoup rire :

| | |
|---|---|
| **« Hubert :** | **Tout le sang me bout... Est-il point l'heure de dîner?** |
| **La femme :** | **Aydez-moi à destourner le fardeau pour la table mettre...** |
| **Hubert :** | **Sus donc!... O! Qu'ay-je ouy sonner?** |
| **La femme :** | **Je ne scay... Vous baissant peut-être avez-vous rompu quelque basset?...** |
| **Hubert :** | **Par le sang de Dieu! C'est un pect!** |
| **La femme :** | **Qui l'a fait?** |
| **Hubert :** | **Vous!...** |
| **La femme :** | **Il n'en est rien!... Qui premier l'a sentu l'a fait... Je n'en ay fait ni sentu nul!** |
| **Hubert :** | **Non vous!** |
| **La femme :** | **Et qui donc?** |
| **Hubert :** | **Votre cul! Prenez qu'il vous soit eschappé!** |
| **La femme :** | **Qu'au gibet soit mon corps bouté... Le fis-je sans m'en apercevoir, ni sentir en quelque manière! »** |

C'est alors qu'intervient le Procureur, « un homme sage! ».

| | |
|---|---|
| **« Hubert :** | **Sire, nous avons en mesnage, ma femme et moy, un différend, sans plus, c'est pour un peu de vent que j'ai sentu, dont m'en déplaist!...** |

**Le Procureur :** **Quelle chose est-ce ?**
**Hubert :** **C'est un pect !**
**Le Procureur :** **D'où vient-il ?**
**Hubert :** **Il vient d'elle !**
**La femme :** **Et parbleu !... non fait ! »**

Après quelques questions auxquelles le couple répond évasivement, le Procureur demande au mari d'autres précisions et celui-ci poursuit ses accusations :

**« Hubert :** **Sire, il est vray que ma femme**
**fit un gros pect de forte odeur**
**auprès de moy, dont j'eus si peur**
**qu'encore le cul me hallette**
**et moy qui veux ma maison nette,**
**sans y souffrir une seule ordure,**
**vueil qu'elle répare l'injure**
**qu'elle m'a faicte en ma maison**
**voilà tout !...**

**Le Procureur :** **... Vous avez raison !**
**quoique le cas advient souvent ;**
**si elle a lâché iceluy vent**
**et que justice en soit donnée...**
**Bref, elle sera condamnée**
**ainsi qu'en pourrez voir l'affaire... »**

La conclusion du juge provoquait un rire général :

**« ... Époux ! accordez culs et nez**
**A tous sentements embresnés**
**Seigneurs, pour votre esbattement,**
**Prenez en gré le jugement !... »**

## LE PASTEUR FRÉDÉRIC DEDEKING MET EN VERS UNE AFFAIRE DE PET

Poète allemand du XVIe siècle (1522-1598), pasteur en 1575, Frédéric Dedeking écrivit plusieurs drames, entre autres *Le Chevalier chrétien* et *Le Papiste converti*, mais l'ouvrage qui lui valut une grande renommée est une satire en vers latins, publiée en 1552 : *Grobianus de morum simplicitate*.

... Cet ouvrage, dans lequel il attaquait les travers et les vices en les poussant à l'extrême par des éloges, a connu une grande quantité d'éditions.

Dans une des nombreuses traductions de ses poèmes, on lit la mésaventure d'une jeune fille qui avait eu l'imprudence de se moquer d'un pet :

**« Naguère un orateur, très habile et très [sage,**
**A l'étranger fut chargé d'un message,**
**Il devait déployer son talent raisonneur,**
**Devant la reine et ses filles d'honneur.**

**Quand il lui fut permis de prendre la [parole,**
**Il se troubla, faillit manquer son rôle,**

**Puis s'aguerrit, et, prêt à dire son discours,**
**Fit le plongeon usité dans les cours.**

**Mais il se courba tant qu'un bon son de**
**[trompette,**
**Prit subito la poudre d'escampette.**
**Cette fois, sans rougir, sans se déconcerter,**
**Il va son train, se met à disserter.**

**Chacun fait sourde oreille. Une seule écou-**
**[tante,**
**Comprime en vain le rire qui la tente.**
**Par malheur, en pinçant ses lèvres de**
**[corail,**
**Elle ouvre un peu l'indiscret soupirail...**

**Et le plus joli bruit s'en échappe sans lutte ;**
**On aurait dit le doux son d'une flûte.**
**Le harangueur, surpris, s'interrompt**
**[gravement**
**Et, fin matois, dit à l'essaim charmant :**

**" Allons, jeunes beautés, courage ! que**
**[chacune**
**Chasse à son tour l'hôte qui l'importune !**
**Si je puis après vous être encore entendu,**
**J'achèverai mon discours suspendu. "**

**Quel affront ! la coupable en devient**
**[écarlate ;**
**A ses dépens la moquerie éclate.**
**De là, dans l'assemblée un grand brouilla-**
**[mini...**
**Quant au discours, onc il ne fut fini ! »**

## DISSIMULEZ LE PET PAR UN TOUSSEMENT! RECOMMANDE ÉRASME

Au XVIe siècle, les grands seigneurs ne se gênaient pas pour péter en société, c'était même souvent un amusement.

Cette pratique provoqua quelques réactions, certains traités d'éducation prétendaient que **« cette mode était ridicule, de mauvais goût et qu'il était parfaitement inconvenant de laisser une libre issue à ces bruits... »**

« Attention, diront certains, il est dangereux d'enseigner la civilité. » C'est ainsi qu'Érasme, entre ses travaux sur *l'Ancien Testament,* ses *Colloques* et son *Éloge de la Folie,* protesta énergiquement contre ceux qui, prétendant enseigner la civilité, demandaient que « **par politesse, l'enfant retienne la ventuosité de son ventre en serrant les fesses!** ». Son argumentation plut beaucoup aux amateurs de Pets : **« Ce n'est pas chose civile de se causer une maladie pour avoir la réputation d'être bien appris! S'il lui est loisible de s'éloigner de la compagnie, qu'il lâche son vent étant ainsi à l'écart, sinon qu'il déguise, selon l'ancien proverbe, le son du ventre par un toussement...**

L'ouvrage d'Érasme, intitulé *De Civilitatis morum puerilium,* publié en latin en 1530, fut traduit en français quatorze ans plus tard.

Érasme (vers 1467-1536), né à Rotterdam, mourut à Bâle où il s'était installé pour faire imprimer ses œuvres.

Ce genre de discussion entre intellectuels ne

passionnait ni ne concernait nullement les gens du peuple qui continuaient à s'amuser du Pet, argument principal des « farces ».

## RABELAIS INVENTE LES PETS... QUI ENGENDRENT DES PYGMÉES !

Bénédictin, médecin, écrivain, humoriste, François Rabelais (v. 1494-1553) demeure « le modèle parfait des humanistes de la Renaissance ».

Ses multiples occupations et de sérieux travaux comme l'explication des *Aphorismes* d'Hippocrate et de *l'Ârs para* de Galilée ne l'empêchèrent pas de mettre au point son *Pantagruel*, qui parut en 1532, ni son *Gargantua*, publié deux ans plus tard.

Marcel Aymé a dit de lui : « Le grand rire de Rabelais est un phénomène unique dans la littérature de tous les temps et, à côté de lui, Aristophane, Boccace, Molière, font figure de croquemorts ! »

Rabelais a fait de Gargantua le père de Pantagruel, alors que l'histoire du fils fut éditée en 1532 et celle du père en 1534. Pour des raisons de simple logique, des éditeurs ont jugé bon de changer l'ordre de l'auteur... c'est bien dommage !

En 1545, parut le *Trois-Livre*. Les trois ouvrages furent condamnés par la Sorbonne, malgré un privilège de François I^er^ et la protection de Marguerite de Navarre.

En 1548, paraissaient les onze premiers chapitres du *Quart-Livre*, et la totalité vit le jour en 1554.

Le génie de Rabelais se situe entre l'Épopée et la Farce, c'est ce qu'il a, lui-même, défini en une phrase :

**« Moqueries, folâtreries et menteries joyeuses... »**

Il a placé parmi les folâtreries une belle collection de Pets. Les pétarades, comme il les appelle, font partie des jeux préférés de son héros, au même titre que le colin-maillard, le moulinet ou encore « la maille bourse au cul », (*Gargantua*, livre I, chapitre XXII).

Lorsque Pantagruel, souffrant, se voit contraint d'expulser les intrus qui campent dans son estomac, il doit faire quelques efforts : « **Pour vomir les impudents qui, se trouvant bien dans la place, n'avaient pas plus tendance à remonter dans la gorge qu'un Pet dans la vôtre!** »

Le passage de *Pantagruel* où son Pet fait trembler la terre et engendre les pygmées est sans doute le plus surprenant :

« **Panurge, se levant, fit un Pet, sauta et cria joyeusement :**

**" Vive toujours Pantagruel! "**

**Ce que voyant, celui-ci voulut en faire autant, mais son Pet fit trembler la terre à neuf lieues à la ronde, corrompit l'air et engendra plus de cinquante-trois mille petits hommes nains et contrefaits. Une vesse qu'il lâcha engendra autant de petites femmes, accroupies comme vous en voyez souvent**

**dans tous les endroits, qui jamais ne croissent, sinon comme les queues de vaches, par en bas ou en rond comme les raves du Limousin.**

**" Eh quoi! fit Panurge, vos Pets sont-ils si fructueux? Par Dieu! Voici de belles savates d'hommes et de belles vesses de femmes; il faut les marier ensemble, ils engendreront des mouches bovines. "**

**C'est ce que fit Pantagruel; il les nomma pygmées et les envoya vivre dans une île pas loin de là où ils se sont fort multipliés depuis. Mais les grues leur font continuellement la guerre: ils s'en défendent courageusement, car ces petits bouts d'hommes (qu'en Écosse on appelle manches d'étrilles), sont volontiers coléreux. La raison physique en est qu'ils ont le cœur près de la merde! »** (Livre II, chapitre XXVII.)

Ailleurs, Panurge ayant marié « le roi des cuites » avec « une vieille porte-lanternes » et fait lui-même les noces, amena ses protégés au palais devant Pantagruel, à qui il dit, en montrant la mariée :

**« Elle n'aura garde de péter.**

**– Pourquoi? demanda Pantagruel.**

**– Parce qu'elle est bien entamée! répondit Panurge (...) Ne voyez vous pas que les chastaignes qu'on fait cuire au feu, si elles sont entières, elles pètent que c'est raigue! Et pour les garder de péter, l'on les entame. Aussi ceste nouvelle mariée est bien entamée par le bas, ainsi, elle ne pètera pas. »** (Livre II, chapitre XXXI.)

Dans le même ouvrage (livre IV, chapitre XXI) on va retrouver quelques allusions aux Pets de carême-prenant, dans la description de la confirmation de Pantagruel.

**« Il avait les fesses comme une herse...**
**... S'il rotait, c'étaient des moules en écailles...**
**... S'il pétait, c'étaient des bouseaux de vaches brunes**
**... S'il vessait, c'étaient des bottines de cuir de Cordoue... »**

Le Pet reparaît au chapitre XLIV du même livre IV, lorsque Panurge conte l'histoire du sieur de Quinquenais :

**« C'est, dit Panurge, comme Jenin de Quinquenais, qui, pissant sur le fessier de sa femme Quelot, abattit le vent puant qui en sortait. Je fis naguère un dizain joliet :**

**Jenin, tâtant un soir ses vins nouveaux,**
**Troubles encor et bouillants en leur lie,**
**Pria Quelot d'apprêter les naveaux**
**A leur souper, pour faire chère lie.**
**Cela fut fait. Puis, sans mélancolie,**
**Se vont coucher, belutent, prennent [somme,**
**Mais ne pouvant Jenin dormir en somme,**
**Tant fort vessait Quelot, et tant souvent,**
**La compissa. Puis : " Voilà, dit-il, comme**
**Petite pluie abat bien un grand vent. " »**

Cette facétie est devenue proverbe!

Dans la conversation, Rabelais faisait preuve

de la même « moquerie joyeuse ». On cite sa réplique à un jeune fat qui lui avait posé une question très personnelle :

« **D'où vient que bien souvent je pète en pissant ?** »

Rabelais lui répondit :

« **Cela n'est rien, tous les ânes en font autant...** »

## LUTHER CHASSE LE DIABLE EN PÉTANT !

Martin Luther, l'illustre réformateur religieux de l'Allemagne, excommunié en 1520 après trois ans de controverse, chassait le Diable en lui pétant au nez...

L'entrevue du Camp du Drap d'Or et la déclaration de guerre anglaise, ainsi que l'invasion du Boulonnais et de la Picardie en 1522, n'empêchaient personne de suivre les attaques de Martin Luther contre la cour pontificale. Ce moine augustin, docteur en théologie, après une mission en Italie, ayant constaté la corruption d'esprit régnant à Rome, avait traité, dans ses discours, les membres du haut clergé de « suppôts du Diable » et les cérémonies du catholicisme, messes et sacrements, « d'œuvres sataniques »...

Le Diable le passionnait tellement qu'il prétendit avoir eu avec lui, en 1521, à Wartbourg un « colloque » à propos de la messe. En 1566, vingt ans après la mort de Luther, Jean Auribafer, l'un de ses disciples, mit en latin et publia les discours que son maître avait prononcés devant lui, sous le titre de « sermones mensales ».

Traduit en français, ce recueil porte le titre de *Propos de table de Martin Luther*. On y apprend que Luther avait découvert un moyen de se débarrasser du Diable quand la conversation avait assez duré : « **S'il s'obstine à ne pas me laisser tranquille**, disait ce " docteur éclairé ", **je tiens pour lui un pet en réserve... Il faut qu'il en reçoive beaucoup de moi...!** »

Toute l'Allemagne, en ce temps-là, vivait sous le signe du Diable, une partie de la population l'adorait tandis que l'autre le redoutait, aussi certaine réplique de Luther, en 1532, étonna-t-elle tout le monde :

« **Cette nuit,** raconta-t-il, **le Diable, discutant avec moi, m'accusait d'être un voleur, d'avoir dépouillé le Pape et tant d'ordres religieux, des biens qui leur revenaient : " Lèche-moi le cul ! "... lui répondis-je... et il se tut !** »

***

Quelques rondeaux, huitains, dizains, ballades ou poésies venteuses du surprenant Eustorg de Beaulieu, par leur succès, nous montrent que le Pet faisait rire dans les milieux mondains en 1544.

Une plaquette de Beaulieu renferme cet hommage :

**« Pet parfumant le cou d'une lingère,**
**Pet bondissant haut et clair sans discord**
**Toujours joyeux, chantant jusqu'à la [mort ! »**

***

Ce Pet bondissant, haut et clair, retrouve le succès dans *Les Nuits facétieuses du Seigneur Strapparole.*

Gian Francesco Strapparola, né à Caravaggio vers 1490, l'un des plus amusants imitateurs de Boccace, fut également l'un des plus licencieux.

Son œuvre, composée de soixante-treize nouvelles, réunies en *Nuits Facétieuses,* fut publiée à Venise en 1550 pour la première fois et une seconde édition, plus licencieuse encore que la précédente, parut en 1554.

Elle fut très appréciée en Italie et, traduite plusieurs fois en français dès la fin du XVIe siècle.

On a découvert que cet auteur italien avait inspiré de nombreux auteurs. Molière s'inspira d'une de ses nouvelles pour écrire *L'École des Femmes* et La Fontaine en a tiré plusieurs de ses contes.

Dans la fable IV, du sixième livre des *Nuits Facétieuses du Seigneur Strapparole,* on apprend qu'une religieuse, sœur Modestie, était une péteuse d'une grande astuce : **« Au cours d'un " chapitre " assemblé pour la nomination de l'Abbesse, séance solennelle présidée par le Grand Vicaire, trois sœurs briguaient la crosse et, comme elles avaient obtenu un nombre égal de suffrages, le Grand Vicaire, embarrassé, proposa de**

**nommer celle des trois qui donnerait la plus louable preuve de sa vertu! *(sic)*. Sœur Modestie se leva, et s'étant mise en place, tira de son sein un dé dont on joue et le mit sur un banc, les cinq points dessus. Après, elle prit cinq petits grains de millet et mit chacun d'eux sur l'un des cinq points du dé, puis, découvrant son derrière et, approchant ses fesses du banc sur lequel était le dé, fit un Pet si gros et si terrible qu'il fit quasi évanouir le Grand Vicaire et toutes les religieuses; et encore que ce Pet sortît avec un bruit violent et sifflement horrible, il fut néanmoins tiré d'une telle adresse et dextérité que le grain qui était du trou du milieu demeura en sa place et les autres disparurent et ne furent jamais vus depuis! »**

***

Si le nom de Cardan demeure attaché à un mode d'engrenage auquel on a donné son nom, on ignore généralement qu'il a étudié les Pets et qu'il les a classés en quatre catégories.

Médecin, mathématicien et philosophe italien, Jérôme Cardan (1501-1576) est aussi connu pour avoir mis au point la résolution de l'équation du troisième degré.

Admirateur d'Aristote et de Socrate, ainsi que de Xénophon, Jérôme Cardan étendit ses recherches jusqu'aux Pets qu'il imagina de diviser en quatre modes : l'Aigu, le Grave, le Réfléchi et le Libre.

**« Si l'on admet que de ces quatre espèces de Pets, il peut s'en former cinquante-huit, auxquels on ajoute les quatre premiers, on obtient un total de soixante-deux sons différents... »**

## LE PET DE RONSARD

Pierre de Ronsard (1524-1585) ayant dû renoncer à la carrière des armes pour raisons de santé, s'adonna à l'étude des lettres grecques et latines. Il rêvait de renouveler l'inspiration de la poésie française.

Poète de la Cour de Charles IX, il connut de son vivant une certaine notoriété. Curieuse coïncidence, Ronsard travailla avec Joachim du Bellay à préparer la révolution littéraire et tous deux étaient sourds.

Leur groupe de jeunes révoltés prit le nom de « Brigade » avant celui de « Pléiade ».

On a parfois distingué deux personnages chez Ronsard, le doux poète voluptueux qui aimait les filles et le bon vin, et le sourd, acharné, s'inspirant de Pindare.

Si sa ballade : *Mignonne allons voir si la rose...* ne sera jamais oubliée, par contre qui se souvient encore de son hommage au Pet, inspiré d'un poème de l'Antiquité ?

**« Le Pet qui ne peut sortir**
**A maints la mort fait sentir**
**Et le Pet, de son chant, donne**
**La vie à mainte personne...**

**Si donc un Pet est si fort**
**Qu'il sauve ou donne la mort,**
**D'un Pet la force est égale**
**A la puissance royale... »**

La puissance royale qui avait rendu célèbre Ronsard sous le règne de Charles IX ne lui servit plus à grand-chose sous celui de Henri III : il mourut en 1585, presque oublié.

On recommençait à parler de bienséance au milieu du XVIe siècle, et l'on prit même un certain plaisir à lire un recueil de conseils de bienséance, dans certains milieux. Il était rédigé en vers et signé Pierre Broë; son titre était trop long :

*Des bonnes mœurs et honnêtes contenances que doit garder un jeune homme tant à table qu'ailleurs, avec d'autres notables enseignements, etc.*

Évidemment, le Pet tenait une bonne place parmi ces conseils :

**« ... Mais, de péter garde qu'il ne [t'échappe**
**Retiens ce vent et en dedans l'attrape :**
**Ferme le trou, joins les fesses ensemble**
**Et serre fort encore qu'il te semble**
**Que la douleur te doit tant tourmenter...**

**Comme une femme approchant d'enfan-[ter**
**Car, pour un Pet puant et infâme**
**Fait à la table, il n'est ni homme ni femme**
**Qui ne te dise que tu es à outrance**
**L'un des plus grands archi-vilains de [France! »**

Pierre Broë perdit son temps, de nombreux archi-vilains continuèrent à péter, à table ou ailleurs...

En 1559, quatre ans plus tard, le sieur Mathurin Cordier dans *Civilité Puérile et Honnête* conseillait aux enfants, comme l'avait fait Érasme, de « **procéder secrètement et modestement** » quand ils devaient lâcher un Pet...

***

Cependant, certains auteurs, comme Mellin de Saint-Gelais, avaient déjà regretté la liberté du pet.

Mellin de Saint-Gelais (1491-1558) après des études de droit et de philosophie en Italie, embrassa, en France, l'état ecclésiastique. Ordonné prêtre, il devint aumônier du dauphin et bibliothécaire de François Ier. Poète de cour, favori du roi, il était, malgré la gravité de son costume, invité dans tous les salons, faisant figure de rival de Clément Marot. Il tenta de combattre l'influence de Ronsard, puis se réconcilia avec lui tout en demeurant un ennemi de la Pléiade. L'édition de ses œuvres, en 1547, provoqua une certaine déception ; ses épigrammes, ses madrigaux étaient supérieurs à ses ouvrages importants. On a conservé la preuve qu'il appréciait le Pet en liberté :

> **« Le temps fut que, sans grand respect,**
> **On lâchait à table le Pet**
> **Et qu'on se mouchait dans la nappe ! »**

## ON PÉTAIT BEAUCOUP DANS LES ESCRAIGNES DE DIJON

Étienne Tabourot (1547-1590), procureur du roi au baillage de Dijon, est connu par son livre des *Bigarrures*, composé, dit-il, pour se chatouiller soi-même et se faire rire le premier et ensuite les autres... »; cet ouvrage, publié en 1582, est « composé de vers rétrogrades, d'anecdotes, de rébus et d'équivoques...

*Les Escraignes Dijonnaises*, qui portent cette signature, sont un recueil d'anecdotes où apparaît très souvent le Pet. (Les escraignes étaient alors des huttes de bois et de paille que les vignerons construisaient, chaque hiver, dans les rues écartées, pour veiller joyeusement.)

Une des anecdotes se déroule dans une escraigne de la rue Saint-Philibert à Dijon, où une bonne vieille demande aux garçons et aux filles de « faire chacun son conte », celui qui aura dit le meilleur recevra un prix... Le grand Guérin commença, disant qu'il se souvenait d'avoir été autrefois en une grande compagnie de dames et damoiselles si délicates **« qu'elles n'eussent osé estrangler un Pet, ou le faire tourner de sexe masculin en féminin, sans passer sous l'arc Saint-Bernard.**

**L'une desquelles, alors qu'elle se remuait, étant pressée, fit un petit sansonnet, qu'elle ne put toutefois si dextrement couvrir que l'éclat n'en fut ouï, dont tous les autres se prenant à rire, comme exprobation de son incivilité... elle, se voulant excuser, dit que l'on lui faisait grand tort, et que c'était son soulier**

**qui avait mené tel bruit...! En s'efforçant de frotter son soulier, elle fit un pareil sansonnet... lors la risée recommença plus grande qu'auparavant [1]... »**

Le conteur suivant, Guillaume Tapeconë, fut très applaudi avec l'aventure d'une chambrière de sa tante :

**« En la maison de ma tante Laurence, une grosse chambrière filait sa quenouille de si grosse hâte, que, en se retournant, elle fit un Pet conforme à son calibre, qui éclata violemment et fit sauter la poudre au nez de chacun. Lors sa maîtresse se voulant courroucer, elle lui jura par sa foi qu'elle n'avait rien fait... et que c'était sa quenouille; duquel propos, le courroux de sa maîtresse arrêté, elle lui demanda si... sa quenouille avait un cul!... »**

A sa façon, Tabourot a complété et présenté le vieux dicton populaire : « Petite pluie abat grand vent », lancé par Rabelais.

**« Un jour, un honneste homme, officier de la Gruerie, bon drôle, couché en son lit auprès de sa femme qui avait le cul tourné, entendit et sentit à la fois l'éclat et foudre de deux ou trois canonnades bien puantes... A quoi, ne sachant comment remédier, et craignant la continue, il lui va pisser contre sa bonne femme, qui sentant cela, se retourne en vitesse et crie : " que faites-vous ? "... " Tout beau, dit-il, ma femme... petite pluie abat grand vent !... " »**

1. Le sansonnet était alors le surnom d'un Pet silencieux que l'on avait lâché « sans sonner ».

Au chapitre des « Équivoques Français », cet écrivain passionné de Pets cite le cas d'un bourgeois plein d'humour, un certain Passechat :

**« Passechat, de la Franche-Comté Bourguignote, n'appelait jamais un sien compagnon, nommé Perrot sinon faisant un Pet et un rot, tant il avait la bouche et le cul à commandement. »**

On lit également dans ces *Escraignes Dijonnaises* l'amusante aventure d'un péteur astucieux qui échangea une paire de bottes contre cinquante Pets :

**« Fiacre du Coing dit qu'il se trouva un jour à la Foire de Rouvre, où, en la boutique d'un cordonnier, un passant demandait combien luy coûterait une paire de bottes... » « Cinquante Sols !... » dit le maître... « Je vous en offre cinquante Pets ! »... « Vrayment, dit le maître, si tu peux les faire de suite, je te les offre !... » Le compagnon, bien aise, se va asseoir sur le bout d'une table, à demi-fesse, et commence à dire au cordonnier qu'il constate ; puis, sans tirer ni reprendre haleine, il fit si bien qu'il gagna les bottes qui lui furent libéralement laissées.**

Ce que voyant, les serviteurs de boutique dirent :

**« Monsieur, donnez le vin aux compagnons ! »**

**« Oui, dit-il, vous serez payés de même monnaie, et leur lâcha encore trois gros Pets qu'ils**

**partagèrent également les uns avec les autres! »**

Enfin, toujours dans les *Escraignes Dijonnaises*, Tabourot décrit ainsi la récréation à laquelle se sont plaisamment livrés quelques gens d'Église au cours d'un repas très arrosé :

**« Ils perçaient deux pièces de vin, l'une de blanc et l'autre de clairet, du meilleur qui fût, et ne s'en allaient jamais que l'on n'apportât les tonneaux sur la table, pour jouer du tambourin sur le cul.**

**Advint une fois que tous ces compagnons ayant récréé leurs esprits à coups de verres, se souciant peu des affaires d'État, après avoir essayé toutes sortes d'ébattements qu'ils avaient pu excogiter, prirent la chandelle qui était allumée en la chambre, et la mettant dans le chandelier sur le pavé de la chambre, firent un pari, quatre contre quatre, de l'éteindre à coups de Pets; et à cet effet se mirent tout nus, allant les uns après les autres pour canonner cette chandelle.**

**Mais comme la visée était malaisée, ils demeurèrent longtemps sans rien faire, dont l'un d'eux, impatient plus que les autres, s'avisa de se mettre à cul nu sur le carreau, estimant par ce moyen exciter son ventre à faire quelque exploit digne de lui. Et à la vérité, il ne fut frustré de son espérance, car au bout de quelque temps, sentant un tonnerre dans son ventre prêt à éclater, il se lève de vitesse et criant de loin que chacun lui fît place, court droit à la batterie, et tournant le cul contre la chandelle, pensant l'éteindre**

**d'un Pet, il jeta plus de deux vases de merde, dont non seulement la chandelle fut éteinte, mais le chandelier renversé par terre, et la chambre tellement empunaisée qu'il coûta plus de deux pintes de vinaigre pour la parfumer. »**

***

Le docteur François Gérard, médecin de Henri IV, écrivit, en 1583, un curieux traité d'hygiène dont les ordonnances sont en vers...

**« Sitôt qu'au matin tu seras descendu**
**De ton lict, et qu'à Dieu grâces auras**
**[rendu,**
**Pour t'avoir réservé cette nuit sans**
**[dommage,**
**Lui offriras ton corps et ton âme en**
**[hommage.**
**Cela fait, aussitôt te faudra-t-il tâcher,**
**Au lieu le plus secret de ton ventre**
**[lâcher;**
**Et quand tu n'en aurais aucunement**
**[envie,**
**Il faut qu'à tout le moins toi-même t'y**
**[convies;**
**Il n'est pas que nature, en s'y offrant**
**[souvent,**
**Ne se décharge enfin, ne fût-ce que de**
**[vent. »**

***

Plusieurs chroniqueurs ont cité le mot du duc de Biron, ce maréchal de France qui servit la cause d'Henri IV... jusqu'au jour où il conspira contre lui avec le duc de Savoie et l'Espagne. Condamné à mort, il fut décapité.

Au temps de ses bonnes relations avec Henri IV, il jouait aux échecs avec lui lorsqu'il laissa échapper un bruit très reconnaissable, à l'instant où il poussait un cavalier en avant :

**« Au moins, s'écria-t-il en riant, voilà un cavalier qui n'est pas parti sans tambour ni trompette ! »**

Le Vert-Galant pouffa de rire.

***

Le 15 mars 1590, le lendemain de la bataille d'Ivry, Henri IV, ravi du succès de ses armes et mis en joie par quelques bolées de cidre de Normandie, était d'une gaieté exceptionnelle. Une jeune paysanne qui avait eu l'honneur de servir le Vert-Galant, passa à sa portée.

Sa Majesté n'hésita pas et lui donna un coup de pied dans les fesses, un coup de pied léger...

Surprise, la charmante Normande, en souriant, répondit à cette agression en laissant échapper un Pet, puis, se tournant vers le roi, lui dit :

**« Sire, à quelle porte frappez-vous que l'on ne vous réponde ?... »**

## MONTAIGNE PRESCRIT LE PET

Devant les nombreuses interdictions de péter lancées au nom de la bienséance, Montaigne protesta, au nom de la santé.

Michel Eyquem de Montaigne, le célèbre moraliste français, né en Périgord en 1533, commença à composer ses *Essais* dès 1571 et il en écrira chaque jour de nouvelles pages jusqu'à sa mort, en 1592.

Ayant étudié saint Augustin et ses textes concernant le Pet, il a donné son avis sur ces vents dont on s'obstinait à interdire la libre sortie. On trouve dans le livre premier, chapitre XXI « de la Force de l'Imagination », l'opinion personnelle de Montaigne :

« **Les outils qui servent à décharger le ventre ont leurs propres dilatations et compressions, outre et contre notre avis, comme ceux-ci destinés à décharger nos rognons...** »

Et il ajoute à une citation de saint Augustin :

« **Plût à Dieu que je ne le susse que par des histoires. Combien de fois notre ventre, par le refus d'un seul Pet, nous mène jusqu'aux portes d'une mort très angoissante...** »

# II

# L'ÂGE D'OR

## (XVII^e-XVIII^e siècle)

Si le XVII^e siècle, celui du Roi-Soleil, peut être, à juste titre, qualifié d'Age d'or du Pet, car Sa Majesté donnait le bon exemple, il faut rappeler que tout avait commencé avec les Pets du Dauphin, le futur Louis XIII. Son père, Henri IV, avait nommé le docteur Héroard, médecin du prince, alors que Marie de Médicis était encore enceinte; le bon docteur Héroard donna au prince des soins vigilants et, soigneusement, nota les moindres incidents auxquels il assista : coliques, rots ou Pets...

Son manuscrit porte le titre de *Ludovicotropie* ou *Journal de toutes les actions de la santé de Louis, Dauphin de France, qui fut ensuite Louis XIII, depuis le moment de sa naissance, 27 septembre 1601, jusqu'au 29 janvier 1628* (6 volumes in-fol.).

Ce médecin veillait également à la bonne éducation du prince dont la précocité d'esprit l'amusait. A la date du 10 mars 1609, il relatait : **« Le 10, à midi; à souper, il fait un rot; M. de Souvré l'en reprend, il lui répond froidement : " Monsseu de Souvré, c'est un rot, ce n'est pas un Pet!... " »**

Le Dauphin, autoritaire et capricieux, exigea un jour qu'une de ses femmes de chambre vînt assister à sa purgation. Héroard n'oublia pas l'incident : **« On ne put obtenir qu'il avalât sa dragée de rhubarbe que la fille de service ne fût présente... Comme le prince s'impatientait, on lui dit qu'elle était allée pisser... quand elle reparut, il lui cria : " Zézai, allez-vous-en, à cette heure, péter et chier... puisque vous avez été si longtemps à pisser ! " »** Le petit prince ne mâchait pas ses mots !

Certains méchants détracteurs du Pet, en ce début du XVIIe siècle, l'associèrent au Diable, comme l'a fait Goubart, auteur des *Histoires admirables et mémorables*, qui raconte une aventure satanique où le Diable fit un Pet violent pour montrer son mécontentement : **« Un théologien, par des citations de la Genèse, ayant réussi à le chasser... Tout confus, le malin esprit, dépité et grondant, disparut avec grand bruit laissant si puante odeur... qu'il s'en sentit quelques jours après ! »**

On n'allait pas oublier le rôle du Démon, car le clergé veillait, continuant à associer le Diable aux Pets. Le chanoine français Arnoux de Riez, revenant aux thèmes démodés, publia une description de l'Enfer, dans *Les Merveilles de l'Autre Monde*, où il informait les dames peu vertueuses que le Diable les punirait en les faisant péter !

**« Elles auront des coliques plus ou moins venteuses ! »**

Toutes les allusions à des Pets démoniaques ne dérangeront nullement les écrivains, poètes et médecins qui parleront joyeusement des

« Zéphyrs » et des « Soupirs » sans y mêler le « Malin Esprit ».

## PETS DE MAQUERELLE ET PETS DE COURTISANE...

Mathurin Régnier (1573-1613), tonsuré de bonne heure, fut attaché à vingt ans au service du cardinal François de Joyeuse, le beau-frère d'Henri III. Ce respectable soutien ne l'empêcha pas de se livrer à la débauche. Il publia, en 1608, ses premières satires et parvint à s'imposer comme poète officiel de la Cour. On a surtout apprécié la peinture qu'il a su faire des mœurs de son temps ainsi que les détails pittoresques qu'il observait du règne d'Henri IV.

Dans son poème *Sur la Paresse*, Alfred de Musset écrit que Mathurin Régnier était **« de l'immortel Molière, immortel devancier ! »**. Se souvenant de ses mauvaises fréquentations, ce fameux débauché a donné à l'une de ses satires un curieux titre : *Discours d'une vieille maquerelle*.

**« Je fus autrefois de maison,**
**Docte, bien parlante et habile**
**Autant que fille de la ville :**
**Je me faisais bien décrotter**
**Et nul ne m'entendait péter**
**Que ce ne fût dedans ma chambre...**
**J'avais toujours un collier d'ambre,**
**Des gants neufs, des souliers noircis...**
**J'eusse pu captiver Narcis... »**

***

Ce ne sont plus les Pets d'une vieille maquerelle qui intéressèrent Béoralde de Verville, mais ceux d'une séduisante courtisane italienne...

François Brouard, dit Béroalde de Verville (1558-1612), qui fut à la fois médecin, « poète famélique en quête de mécène » et chanoine facétieux, a commencé, à la fin du XVIe siècle, par publier des poésies galantes : *Soupirs Amoureux* et a mené en même temps des études philosophiques et religieuses comme *Les Connaissances nécessaires*. Vinrent ensuite des romans : *Aventures de Floride, La Pucelle d'Orléans* ou encore *Le Cabinet de Minerve.*

Si tous ces ouvrages sont oubliés, un de ses recueils d'anecdotes grivoises ou scatologiques a été réédité bien souvent et a apporté à Béroalde de Verville une bonne place dans l'histoire de la littérature gaillarde.

Le titre de ce pot-pourri galant, politique et philosophique était, en 1610, *Le Moyen de Parvenir, œuvre contenant la raison de tout ce qui a esté, est et sera...*

Les éditeurs modernes l'ont simplifié, et l'on dit seulement *Le Moyen de Parvenir.* On compte, dans ce recueil, plus de quatre cents personnages, historiques, légendaires, anciens ou contemporains, et une bonne centaine de chapitres.

Lorsqu'il fut publié, il n'était pas signé!

La Monnoye a raconté que cet ensemble de facéties « avait fait la joie de la Reine Christine de Suède qui, dit-il, se tenait les côtes de rire en écoutant la lecture que lui en faisait, en rougissant, la belle Sparre, sa favorite... ».

Bien entendu, Béroalde de Verville n'a pas

oublié son illustre prédécesseur Rabelais et il a placé dans son ouvrage quelques histoires de Pets, comme celle-ci, qui a longtemps fait rire :

**« Le sieur de Lierne, gentilhomme français, estait couché avec une courtisane, à Rome. Elle, comme les chastes courtisanes le savent pratiquer, avait amassé de petites pellicules légères, les avait remplies de vent musqué selon l'artifice des parfumeurs. La belle Impéria, ayant quantité de telles ballottes, tenait le gentilhomme entre ses bras et se laissait aimer; ainsi que ces deux amants temporels pigeonnaient la mignotise d'amour, affilant le bandage, la dame, détournant la main, mit une petite vessie en état et la fit éclater, de sorte que la petite ballotte se résolut en la figure auditive d'un Pet. Le gentilhomme, l'ayant ouï, voulut retirer son nez du lit pour lui donner air...**

**" Ce n'est pas ce que vous pensez, dit-elle, il faut savoir avant que craindre... " A cette persuasion, il reçut une odeur agréable et contraire à celle qu'il présumait; ainsi il reçut ce parfum avec délectation; ce qu'ayant encore reçu d'abondantes fois, il s'enquit de la dame si de tels vents provenaient d'elle qui sentaient si bon, vu que celui qui glissait des parties inférieures des dames françaises, était assez puant et abominable... A quoi elle répondit avec un frétillement philosophique que le naturel du pays et de la nourriture aromatique faisait que les dames italiennes, qui usent de délices odoriférantes, en rendaient la quintessence par le bas, ainsi que par le bec d'une cornue : " Vraiment, répondit-il, nos dames ont bien un autre naturel de Pets... "**

**Il advint qu'après quelques musquetades, par circonstance de vent trop enfermé, Impéria fit un Pet, non seulement au naturel, mais vrai et substantiel... Le Français jeta, en diligence, son nez sous le drap, afin d'appréhender la benoîte odeur, pour laquelle envahi, il eût voulu être " tout de nez... ". Mais il fut trompé, il en recueillit plus avec le nez que vous n'en feriez avec quatorze pelles de bois, telles qu'on mesure le blé à Orléans : " O Dame, dit-il, qu'avez-vous fait ? "... Elle répondit : " Seigneur, c'est une " galantise "... pour vous remettre en goût de votre pays !... " »**

Un éloge du Pet aristocratique a été lancé par cet amusant Béroalde de Verville :

**« Une demoiselle noble fait un Pet qui est noble ! »**

Toujours dans *Le Moyen de parvenir,* un dialogue anachronique fait s'entretenir gaillardement aussi bien César qu'Hérodote, Rabelais, Ronsard ou Sappho. Chacun y va de son histoire leste.

Le médecin grec Asclépiade, qui se trouve là aussi, narre celle de **« Margot de chez nous qui passait par la salle, en portant un œuf à madame ; comme elle fut au milieu de la salle, elle nous salua et en ceste action elle eut faim de faire un Pet, c'est-à-dire envie ou désir. Elle voulut serrer les fesses, de peur de péter : elle fit tout au rebours. Je vous assure qu'elle serra si fort le poing qu'elle creva l'œuf, et ouvrit tant les fesses, qu'elle fit un gros Pet. " Quoy ! vous pétez, luy di-je. " " Vrai, mon-**

**sieur, dit-elle, c'est que j'ay mangé des pois. " »**

Plus loin, encore, un Bonhomme, dont on ne dit le nom, explique, à César, et Alcibiade notamment, une vieille légende qui affirme que **« tout homme de qui la femme pète, estant couchez ensemble, est bienheureux, pour plusieurs raisons : primo, il l'entend ; parquoi il sçait qu'elle est auprès de luy, et ne le fait pas cocu pour lors ; secundo, il recognoit qu'elle n'est pas morte ; tertio, il jouit de l'ouye ; quarto et perfecto modo, il sent. Ainsi il a plusieurs commodités desquelles sont privez les prestres ».**

## LES PETS DE TABARIN, UN TRIOMPHE

Antoine Girard, connu sous le nom de Tabarin (1584-1633), était un « farceur », interprète de ces petites pièces en vers ou en prose. Les « farces », restées en faveur auprès du public, longtemps après leur suppression provisoire par Charlemagne, étaient, au XVII^e siècle, représentées surtout dans les équipages des apothicaires et médecins nomades.

Girard, dit Tabarin, travaillait avec monsieur de Mondor, médecin ambulant, vendeur de baumes et... charlatan ! Ils attiraient la clientèle par des parades jouées au son d'une viole et d'un rebec, et, bientôt, les chroniqueurs attribuèrent à Tabarin un véritable génie de la Farce ; il portait un vaste manteau de serge à plis serrés, un hoqueton de toile sur un pantalon trop large et son épouse, Francisquine, jouait quelquefois avec lui, déguisée en Arlequine.

En 1619, Tabarin qui était donc le champion de la Farce, connut avec Mondor, non seulement un triomphe populaire, mais également la faveur de la Cour.

Tabarin, trois autres années plus tard, publia un ouvrage comique intitulé *Œuvres et Fantaisies*, dans lequel il vanta les mérites du Pet :

**« Tabarin : – Mon maistre, quelle est la chose la plus joyeuse du monde, quand elle vient à naître ?... »**

Le « maistre » lui répond que **« rien ne peut lui faire connaître qu'il y ait quelque animal qui soit joyeux de naître en cette misérable vie !... »**.

Et Tabarin de répliquer : **« La chose la plus joyeuse du monde quand elle prend naissance, c'est un Pet !... car, à peine entre-t-il dans l'enclos de la nature, qu'il commence à chanter un air mélodieux, c'est un plaisir de goûter ses accents et ses sons entrecoupés, cela est d'une suave et délectable odeur ! »**

*Les Œuvres et Fantaisies* de Tabarin connurent un tel succès que l'on dut en faire quatre éditions la même année (1622).

Incidemment, Tabarin, dans son *Jardin, Recueil et Trésor* (1619), révèle une bonne recette pour péter : **« Prenez fleurs de châtaignes et les séchez au four, tant qu'on les puisse réduire en poudre, et d'icelles mettrez dans le potage ou autre liqueur de qui vous voudrez avoir le plaisir. »**

I

II

III

IV

V

Extraits du *Recueil d'Antiquités Egyptiennes, Etrusques, Grecques et Gauloises* du comte de Caylus, Paris, 1752-1767.

Dessin de Trez (avec son aimable autorisation).

Gargantua pétant de santé, gravure de Gustave Doré.

Lettrine d'Uzelac pour *Le Moyen de parvenir* (1670), édition illustrée de 1934.

Illustration pour *L'Art de péter* (1776).

Gravure du XVIIIe siècle
extraite du *Bilder Lexicon.*

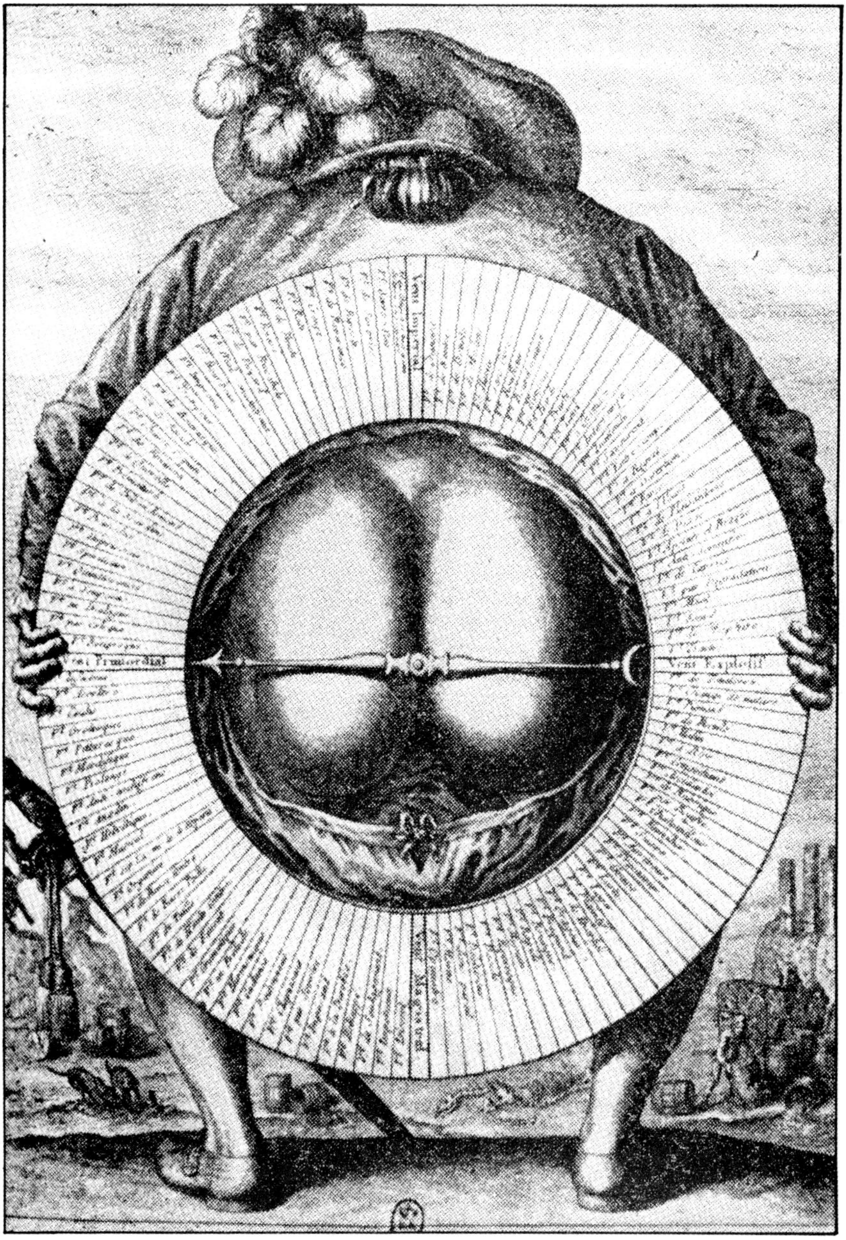

Rose des vents. Gravure du XVIII$^{e}$ siècle extraite du *Bilder Lexicon.*

« Il souffle ». Gravure de Goya.

***En haut*** : caricature italienne contre le succès du peintre anglais William Turner (1775-1851). Vers 1835.

***Ci-dessus à gauche*** : Théophile Gautier. Caricature de J. Mailly.

***Ci-dessus à droite*** : « Les passe-temps favoris de George Sand : fumer et écouter des pets ». Caricature d'époque (voir texte de Théophile Gautier).

Va, mon vieux, pèt' dans ta culbute

Illustration d'Aubrey Beardsley pour *Lysistrata* (traduction anglaise de Samuel Smith, 1896).

Dessin de Steinlein pour illustrer Bruant.

Dessin de Trez
(avec son aimable autorisation).
***A gauche*** : *La Pétomanie*,
chanson de Drexel et G. Delormel, créée par Clovis.
***A droite*** : Joseph Pujol, le Pétomane,
photographie d'époque.

***A gauche*** : *Le Proutt Proutt de l'adjudant,* chanson de Villemer-Delormel et Tac-Coen, créée par Garnier.
***A droite*** : *Boum Boum Boum,* chanson de Dufleuve et Gerrard, musique de Drouillon.
***Ci-dessous*** : Le jeu de Pet-en-Gueule, gravure du XVIIIᵉ siècle.

***A gauche : La Valse des haricots, ou le Pétomane du Moulin Rouge,***
chanson de Fernando et Spencer, créée par Broca et Caron.
***A droite*** : *Le Haricot*, chanson de Drucker et Ménard,
musique de Gourlier, créée par Clovis.

LE PÉTOMANE

***A mes amis du Saint-Siège***
***et à Vandenbranden.***

*Poète, prends ton luth et me donne un baiser ;*
*La fleur de l'églantier sent ses bourgeons éclore,*
*Le printemps naît ce soir, les vents vont s'embraser.*
ALFRED.

Il était une fois un artiste parfait
Qui tirait de son fond lui-même son effet.

Couverture de chanson
des environs de 1890 (Vincent Hyspa ?).

BARRE A PARLÉ
C'EST TOI QUI A PETÉ ?

PROUTT
IL PUE!
IL DIT TOUT HAUT CE QUE LES AUTRES DISENT TOUT BAS!
ÇA NE SE DIT PAS! LE MONSIEUR A UNE PETITE ODEUR!
GENIAL!
IL PUE!

Dessin de Tetsu
(avec son aimable autorisation).

***Ci-contre en haut*** : dessin de Willem dans *Libération*,
5 novembre 1986.

***Ci-contre en bas*** : dessin de Willem dans *Libération*,
22 mai 1987, extrait de
*Willem à Libération*,© Albin Michel.

***En haut*** : Alberto Sordi dans *Les Nouveaux Monstres*, film italien à sketches de Mario Monicelli, Dino Risi, Ettore Scola.

***Ci-dessus et à droite*** :
*Il Petomane*, film de Pasquale Festa Campanile, avec Ugo Tognazzi dans le rôle de Joseph Pujol, Cannon film.

Extrait de *L'Elue,* bande dessinée de Foerster,
*Fluide glacial* n°171,
septembre 1990. © *Fluide glacial.*

« *Le Pet dans l'ascenseur* ». Spot publicitaire scandinave pour les pilules Samarin, festival de Cannes 1987. Thème : « Ecoutez votre estomac avant que les autres ne l'entendent ».

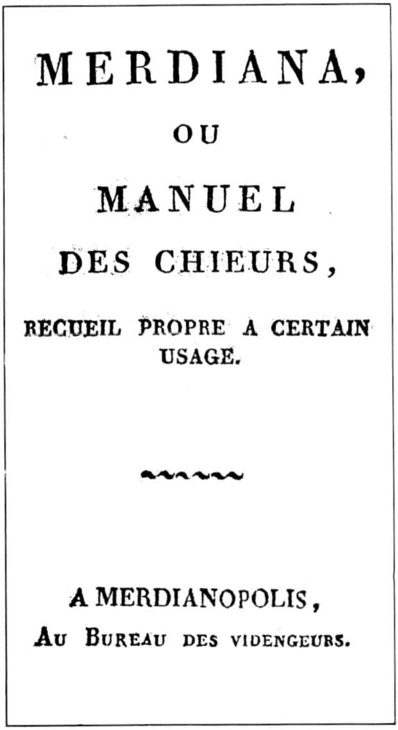

MERDIANA,

OU

MANUEL

DES CHIEURS,

RECUEIL PROPRE A CERTAIN USAGE.

A MERDIANOPOLIS,

AU BUREAU DES VIDENGEURS.

Plaquette scatologique publiée au début du XIXe siècle dans laquelle figurent de nombreuses histoires, en vers et en prose, sur le Pet.

## L'AUMÔNIER DE LOUIS XIV DÉFINIT LE PET SANS LE NOMMER

Prédicateur et bel esprit, l'abbé Charles Cotin (1604-1682) fut conseiller et aumônier de Louis XIV et il fut reçu à l'Académie française; cet abbé, très mondain, fréquenta l'hôtel de Rambouillet et les salons de mode comme celui de la Grande Mademoiselle.

Ses volumes de *Poésies Mêlées*, d'*Œuvres Galantes* et même ses pamphlets amusaient Louis XIV. Spécialisé dans ce jeu d'esprit appelé « Énigmes », il a, sans le nommer, défini ainsi le Pet :

**« Aucun œil ne me voit jamais**
**Je suis plus fragile qu'un verre,**
**Mon bruit imite le tonnerre**
**Et je fuis le bruit que je fais!**

**Par moi l'un des sexes est touché**
**D'une très fâcheuse influence**
**Et l'on rougit de ma naissance**
**Comme on rougirait d'un péché...**

**Mesdames, dont l'esprit charmant**
**De m'expliquer n'ose entreprendre**
**Gardez-vous bien de vous méprendre**
**Et de me faire en me nommant! »**

Il paraît que cet abbé plaisantin prêcha plusieurs fois et que ses sermons, bien connus, étaient fort sérieux! Il fut victime des sarcasmes de Molière et de Boileau qui ne l'aimaient pas du tout! Par contre, il fut estimé par Chapelain qui appréciait son esprit philosophique.

***

Moins discret que Charles Cotin, un protégé de Richelieu chanta le Pet d'une accouchée...

Isaac de Benserade (1612-1691) vint, de sa Normandie natale, chercher fortune à Paris où il eut la chance de plaire à Richelieu.

Il fit jouer sans succès cinq pièces, dont une *Cléopâtre*... Après la mort de Richelieu, il devint le protégé de Mazarin et de la Reine, ce qui lui apporta quelques jolies pensions. Très spirituel, il était l'amuseur de la Cour.

La Bruyère dira, le peignant sous les traits de Théobalde, **« il était la coqueluche ou l'entêtement de certaines femmes qui ne juraient que par lui... ».**

Diseur de bons mots, il est connu surtout pour ses impertinences et ses *Épigrammes*. Il triompha dans les Ballets de Cour dont il s'était assuré le monopole avec Lulli.

En 1655, il écrivit *Le Canon Obstétrical*, où il raconte l'aventure d'une dame qui pète au cours d'un accouchement difficile :

**« Un mari pleurait pour sa femme**
**Voyant qu'en travail elle était**
**Et que si fort elle pétait**
**Qu'elle allait presque rendre l'âme.**
**Comme elle jetait des hauts cris,**
**Un galant, avec un souris,**

**Dit, pour réjouir l'accouchée,**
**Vous êtes, Madame Nanon,**
**Bien avant dedans la tranchée,**
**Puisque vous tirez du canon... »**

## LES PÉTARADES DU DUC DE CHEVREUSE ET QUELQUES AUTRES

Le mémorialiste Gédéon Tallemant des Réaux (1619-1692), surnommé « le Brantôme du XVIIe siècle », épousa Élisabeth de Rambouillet, sa cousine, dont la fortune et les relations lui assurèrent une agréable indépendance et l'avantage d'être reçu dans les salons des Précieuses.

C'est là qu'il put observer les mœurs de la haute société. Quand il eut pris suffisamment de notes, la marquise de Rambouillet lui conseilla d'en faire un recueil qu'il intitula *Les Historiettes*. Pour des raisons diverses, elles ne furent publiées qu'en 1833... On doit reconnaître que certaines anecdotes auraient fait scandale du vivant des personnages mis en cause !

C'est ainsi qu'il raconte que le Pet faisait l'amusement de quelques gentilshommes de la Cour qui se vantaient de battre des records... :

**« Le duc de Chevreuse, le baron de Moulin et le marquis de Rouillac étaient très fiers de leurs " pétarades "... Mais le duc de Chevreuse, le gendre de Colbert, étant un peu dur d'oreille, était très fâché de ne pas entendre distinctement celles de ses amis, pas plus, d'ailleurs, que les siennes ! »**

Tallemant, qui n'avait pas peur des mots, a relaté une plaisanterie de mauvais goût faite par le duc d'Orléans : **« M. d'Orléans a toujours l'esprit un peu " page ", un jour qu'il vit un des siens qui dormait, la bouche ouverte, il lui alla faire un Pet dedans!... Ce page, demi-endormi, cria : " Bougre! je te chierai dans la gueule... " Monsieur avait passé outre... Il demanda toutefois à son valet de chambre nommé du Fresne : " Qu'est-ce-qu'il a dit?... " »**

**« Il dit, Monsieur, rapporta gravement le valet de chambre, qu'il chiera dans la gueule de Votre Altesse!... »**

On ne connaît pas la réaction du frère de Louis XIV.

Tallemant, très intéressé par les vents, a même recueilli des détails sur des personnages disparus, comme certains ennuis du duc de Bellegarde, qui avait été l'un des favoris d'Henri III, et qui fut disgracié après avoir été Maréchal de France :

**« Il n'y eut jamais un homme plus propre, il était de même pour ses paroles : il ne pouvait entendre nommer un Pet! Une nuit, il eut une forte colique venteuse, il appela ses gens et se mit à se promener et, en se promenant, il pétait!... Yrande, garçon d'esprit, qui était à lui, y vint comme les autres, mais il se cacha. M. de Bellegarde l'aperçut à la fin : " Ah! vous voilà, lui dit-il... Y a-t-il longtemps que vous y êtes? "... " Dès le premier, Monsieur, dès le premier! " M. de Bellegarde se mit à rire, ce qui acheva de le guérir... »**

Ce duc de Bellegarde (Roger de Saint-Lary et de Termes) était beau et spirituel. Grand écuyer sous Henri III, il gagna l'amitié d'Henri IV, qui le nomma chevalier de ses Ordres et surintendant des Mines et Minières de France en 1602.

Rappelons qu'il fut en amour le rival du roi, partageant avec lui les faveurs de Gabrielle d'Estrées et se glissant dans le lit de la charmante Henriette d'Entragues...

Bien qu'il n'eût pas connu le règne d'Henri IV, Tallemant des Réaux a récolté et publié des souvenirs du Vert-Galant :

**« Quand le connétable de Castille vint à Paris, Henri IV le fit traiter et le connétable de France était vis-à-vis de lui. Chaque Espagnol avait aussi un Français de l'autre côté de la table...**

**Le Nonce du Pape, qui fut, depuis, le Pape Urbain, était au haut bout. Un Espagnol, qui était vis-à-vis du maréchal de Roquelaure, faisait de gros rots en disant : “ La Sanita de Cuerpo, Señor Maréchal !... ” »**

Le Maréchal s'ennuya de cela, et, tout d'un coup, comme l'autre réitérait, il tourna le cul et fit un gros Pet, en disant : **« La Sanita del Culo... Señor Espagnol ! »**

Ce même Roquelaure était, selon Tallemant, assez sujet aux vents : **« Un jour, il fut obligé de sortir en grande hâte du Cabinet de Marie de Médicis, mais ne put si bien faire qu'elle n'entendît le bruit ; elle lui cria : “ L'ho sentito, Signor Mareschal !... ” Lui, qui ne savait point l'italien, lui répondit, sans se déferrer : “ Votre Majesté a donc bon nez, Madame ! ” »**

## « PÉTEZ MAGNIFIQUEMENT ! » CONSEILLAIT LE POÈTE PETIT...

En 1660, fut publié un recueil : *Poésies Choisies*, dans lequel Corneille voisinait avec Benserade et Boisrobert... et l'on eut la surprise d'y trouver trente-six vers d'un sieur Petit qui conseillait « A une Demoiselle tourmentée des vents » de péter magnifiquement !

**« Que le respect une autre fois**
**Ne vous empesche point la voix;**
**Faites parler votre derrière !**
**Et me croyez asseurément;**
**Car de tous vos maux la matière**
**N'est autre chose que du vent.**

**Que votre superstition**
**Vous a causé d'affliction !**
**Vous péchez contre la morale**
**Par l'excès de vostre pudeur.**
**Croyez-vous causer un scandale**
**En mettant hors une vapeur ?**

**Mais, ma mignonne, pensez-vous**
**Que l'on vous ait fait tant de trous**
**Pour faire la Sainte Nitouche ?**
**Comme vous avez pour brouter**
**Une belle petite bouche,**
**Vous avez un cul pour péter !**

**Dans le monde vous mouchez,**
**Devant un chacun vous crachez.**

**Vous pissez même en compagnie**
**Et vous n'en faites pas grand cas.**
**Après cela, quelle manie**
**Vous tient, que vous ne pétez pas?...**

**Pétez donc magnifiquement**
**Pour vous délivrer du tourment**
**Que vous arrache la constance;**
**Ne renfermez jamais du vent**
**Et laissez garder le silence**
**A ceux qui sont dans un couvent!**

**En quel hasard vous nous mettez!**
**Ces vents dans votre dos montez**
**Gagneront le dernier étage,**
**Puis après ce sera beau**
**De voir une fille si sage**
**Avoir du vent dans le cerveau! »**

Ce recueil était estampillé du Privilège Royal et dédié à un aumônier de Sa Majesté.

## LES PETS DE « LA GRANDE DEMOISELLE » EN CHANSON!

Les Pets de Louis XIV n'étant un secret pour personne et les « Zéphyrs » étant à la mode, les chroniqueurs ne se gênaient guère pour faire allusion à ceux que lâchaient de hautes personnalités. C'est ainsi que l'on s'amusa fort de ceux de la cousine germaine de Louis XIV, Anne-Marie Louise d'Orléans, duchesse de Montpensier, connue dans l'histoire sous le nom de « la Grande Mademoiselle ».

On sait qu'elle prit part aux troubles de la France et que, faubourg Saint-Antoine, elle fit tirer le canon de la Bastille sur les troupes royales afin de protéger la retraite de Condé. A quarante ans passés, elle épousa, presque en secret, le duc de Lauzun.

Ses contemporains ont affirmé qu'elle était atteinte d'un dérangement de l'intestin qui lui faisait lâcher des Pets en toutes circonstances. Cette fâcheuse habitude inspira une chanson qui fit rire toute la Cour, sauf la Grande Mademoiselle et le duc de Lauzun :

**« Or, je m'en vais vous conter**
**L'histoire amoureuse**
**D'une agréable beauté,**
**D'une Précieuse...**

**A peine en place on était**
**Pour la contredanse**
**Que sous sa robe un petit Pet**
**S'échappa en cadence !...**

**L'amant, qui avait le nez fin,**
**Sentit bien la honte...**
**Et galamment , prit soudain**
**Le Pet sur son compte...**

**La demoiselle, à l'instant,**
**Lui dit, d'un air tendre :**
**D'un procédé si touchant**
**L'on peut tout attendre !**

**Or, il résulta du fait**
**Un doux mariage...**
**Combien voudraient, pour un Pet,**
**Entrer en ménage !**

**Donc, écoutez cet avis,**
**Gentilles fillettes,**
**Si vous voulez des maris,**
**Sonnez la trompette! »**

La réponse du galant à la demoiselle a été rarement publiée. Nous l'avons retrouvée :

**« Belle, votre joli vent**
**Bien loin de m'en plaindre**
**Rend mon feu bien plus ardent**
**Au lieu de l'éteindre! »**

Cette chanson se chantait sur l'air de *Que voulez-vous que j'y fasse?*

Comme le bruit courut qu'elle avait été écrite à propos des vents de la Grande Mademoiselle et de son mariage avec le duc de Lauzun, la chanson les irrita beaucoup tous deux. La Grande Mademoiselle, qui était susceptible, fut aussi très mécontente le jour où le jeune Lulli, au palais du Luxembourg, eut l'idée amusante d'imiter sur son violon des bruits de Pets...

## LES « FUSÉES D'HUMEUR » DE LOUIS XIV

Le *Journal de la Santé de Louis XIV* a été rédigé par trois médecins, de 1674 à 1711, qui, tour à tour, ont consigné chaque jour les misères physiques du Roi-Soleil.

Les trois hommes qui se succédèrent et se passèrent la plume furent Vallot, d'Aquin et Fagon.

Guy Crescent Fagon (1638-1718) était, selon Saint-Simon, un des bons et beaux esprits de l'Europe, « grand botaniste, bon chimiste, habile connaisseur en chirurgie, excellent médecin et grand praticien ».

Il fit son entrée à la Cour en soignant discrètement les enfants de Louis XIV et de Mme de Montespan. Après quelques démêlés avec l'ombrageux d'Aquin, à propos de quinquina, soutenu par Mme de Maintenon, Fagon prit la place de d'Aquin, et durant vingt-deux années, il veilla sur la santé du roi.

Dans le *Journal de Santé*, ce grand praticien a tout inscrit. Il parle non seulement des **« selles ardentes, mêlées de sérosités huileuses de Sa Majesté »** mais encore, il enregistra **« les bruits d'origine non douteuse qui font trembler les vitres des appartements de Versailles ».**

Il affirme que les Pets sont nécessaires à la santé royale et il le prouve en racontant que, par politesse, le souverain, ayant voulu les modérer en présence de M. de Bezwick, **« en a été fort malade »** et il donnait, à ce sujet, de sages conseils à son patient royal; un jour que Louis XIV se coupait lui-même les ongles des pieds **« en mettant une jambe sur la cuisse de l'autre »**, il ne put s'empêcher de lui représenter **« qu'une telle position presse le ventre et interrompt le cours de ses fusées d'humeur qui se font entendre à tout moment... ».**

***

Les Pets de Louis XIV ont été cités et commentés par sa belle-sœur, la princesse Palatine.

En novembre 1671, Élizabeth-Charlotte, fille de l'Électeur Palatin, épousait « Monsieur », Philippe d'Orléans, le frère de Louis XIV, veuf et amateur de beaux jeunes gens.

Cette princesse allemande peut être considérée comme une championne du Pet. Elle avait commencé très tôt à apprécier ce genre de manifestation, sa tante, l'abbesse de Maubuisson, lui en ayant donné le goût. Aussi a-t-elle précisé, dans l'une de ses lettres, que : **« Si l'on mettait un impôt sur les Pets, ma tante de Maubuisson et moi serions ruinées ! »**

Elle nomma le Pet, **« musique zéphyrienne »**, puis **« musique Palatine »**. Elle en jouait avec son fils :

**« Demain**, lit-on dans l'une de ses lettres, **je chasserai, avant d'aller à Paris, avec M. le Dauphin et la musique recommencera probablement. Mon fils est rarement de la partie, car il n'aime plus la chasse mais sa sœur dit qu'il connaît fort bien la musique Palatine et qu'il peut en lâcher autant qu'il veut ! Il a même été une fois jusqu'à cent... Si tout le monde connaissait ce bel art, je n'aurais pas à faire quérir de parfums, car personne n'aurait de vapeurs ! »**

Enthousiasmée par les Pets de son fils, elle annonça à sa tante Sophie que ce jeune homme était très doué :

**« Il a tant de vents qu'il en a sur tous les tons... C'est pour cela que maintenant, il joue aussi de la flûte... »**

Et elle ajoutait ce détail : **« Je crois que s'il appliquait cet instrument à son derrière, comme il le fait à sa bouche, le résultat serait tout aussi musical!... »**

Une autre fois, la princesse relatait un pari fait avec le Dauphin, son neveu, également bon péteur :

**« C'était à qui en lâcherait le plus...! Ah! ma très chère tante, si vous aviez pu être de ce beau concert!... Ayant le bonheur de vous voir, j'aurais volontiers humé les vôtres, quand même ils n'eussent été que des Schleiter (vesses) qui, d'ordinaire, ne sentent pas trop bon! Tout se passa dans la joie : nous nous en sommes bien trouvés! »**

Elle faisait suivre son compte rendu d'un commentaire sur les rapports de l'éternuement et du Pet dans la société :

**« N'est-il pas ridicule que, pour l'éternuement, on dise " Dieu vous bénisse! " avec de grandes révérences tandis que pour les vents, lesquels nuisent dix fois plus et peuvent causer des coliques, il faille les retenir! »**

Assez écœurée par ce qu'elle voyait à la Cour, elle écrivait, en allemand et en français, de longues lettres tous les jeudis et tous les dimanches à sa tante Sophie de Hanovre, ainsi qu'à Mme de Harling, son ancienne institutrice et au prince de Brunswick. Elle adressait des commérages à sa fille, la duchesse de Lorraine, à la reine de Prusse, à sa cousine Sophie-Charlotte, à la duchesse de Modène et à bien d'autres personnalités.

Jamais aucune femme n'a autant écrit que cette princesse Palatine dont certaines des lettres ont une vingtaine de feuillets. Observatrice sans pitié, elle y a raconté tout ce qui se passait derrière la brillante façade de Versailles, depuis la vérole, ce fléau de la noblesse, jusqu'aux amours de son mari et aux Pets du Roi, sans oublier ceux de son entourage.

En dépit de ses tendances homosexuelles, « Monsieur » lui fit trois enfants, une fille et deux fils, dont Philippe, duc de Chartres, puis d'Orléans, le futur Régent. Veuve en 1701, elle continua à observer la Cour et les courtisans à la fin du règne de Louis XIV et sous la Régence.

Ayant lu bien souvent que sa nièce se montrait **« fière d'entendre Louis XIV péter auprès d'elle »**, la tante Sophie de Hanovre écrivit un jour : **« Je ne vois point que le Roi ait d'autre amitié pour elle que de l'honorer de ses Pets, dont la chaleur passe, dès qu'il fait un bruit dans l'air ! »**

Sans le nommer, la Palatine a fait également allusion aux Pets d'un autre spécialiste, « Monsieur », son exécrable époux : **« Je sais quelqu'un qui peut commander ici, mais que je n'ose nommer et qui m'assure que, pour ce motif et aussi par hygiène, il ne retient plus aucun vent car il les laisse filer, ce dont on s'aperçoit souvent à l'odeur plutôt qu'au son !... »**

On a conservé le compte rendu insolite d'une soirée familiale qui s'était déroulée à Versailles, en 1693.

Madame et Monsieur étaient réunis après souper, avec leurs deux enfants; Monsieur demeurait silencieux lorsque, brusquement **« éclata un gros " farz "... sonore ! " Qu'est cela,**

Madame?... " », dit-il en se tournant vers sa voisine... **« C'est cela, Monsieur ! »**, riposta l'interpellée, par un Pet!... Le jeune duc de Chartres, ne voulant pas être en reste... **« y alla du sien ! ».**

***

Bien que le Pet fût très chanté et toujours à la mode pendant la seconde partie du XVIIe siècle, il était interdit chez les « Précieuses » qui le trouvaient vulgaire et de mauvais goût.

Chez Mlle de Scudéry, par exemple, le silence était totalement imposé aux fesses...

Cependant, en 1683, une comédie d'Edme Boursault présentée le 5 mars, au Théâtre Guénégaud, fut très applaudie. Edme Boursault (1638-1701) était l'un des auteurs dramatiques les plus détestés de Molière. Sa pièce avait pour titre *Le Mercure Galant*, elle comprenait cinq actes en vers et le public applaudit tout particulièrement la scène VIII de l'acte V où l'auteur faisait parler le Pet lui-même, lorsqu'il se transforme en vesse!...

**« Je suis un invisible corps**
**Qui de bas lieu tire mon être**
**Et je n'ose faire connaître**
**Ni qui je suis ni d'où je sors.**

**Quand on m'ôte la liberté**
**Pour m'échapper j'use d'adresse**
**Et deviens femelle traîtresse**
**Du mâle que j'aurais été... »**

Cet Edme Boursault avait débuté très jeune dans la carrière littéraire par des fables et des comédies et il avait entrepris une petite gazette littéraire manuscrite qui fit sourire Louis XIV.

Son *Mercure Galant* lui a permis de ne pas sombrer dans l'oubli.

***

L'académicien Furetière s'intéressa au Pet des gentilshommes anglais...

Antoine Furetière (1619-1688), dans le tome II de son *Dictionnaire Universel,* relate l'étrange règlement du comté de Suffolk en Angleterre, qui obligeait un vassal à venir, tous les jours de Noël, faire devant le Roi un saut, un rot et... un Pet.

## LE XVIIIe SIÈCLE, LE TEMPS DES FESSES, DES LAVEMENTS ET... DES PETS...

A la mort de Louis XIV, le Régent, grand amateur de chair fraîche, apprécia non seulement les fesses roses des modèles de Boucher, de Fragonard ou de Watteau, mais encore les tumultueux « zéphyrs » que chantaient les poètes libertins.

La débauche se généralisa et jamais on n'avait représenté autant de dames couchées sur le ventre ou étendues sur le flanc, exposant leurs **« globes inférieurs »** pour recevoir des mains d'une soubrette, un clystère... et, du « bouillon pointu » au Pet... il n'y avait pas loin...

Veuve, la princesse Palatine avait gardé intacte sa passion pour les Pets. Ainsi, un jour que le jeune Louis XV souffrait de coliques venteuses, elle s'approcha de lui, un billet à la main.

Le maréchal de Villeroi, précepteur du prince, demanda à Madame : « **Quel billet donnez-vous là au Roi?...** » « **C'est un remède contre la colique des vents...** », lui répondit-elle gravement. « **Il n'y a que le médecin du Roi qui puisse lui proposer des remèdes!** » et Madame de répliquer : « **Pour celui-ci, je suis sûre que M. Dodart l'approuvera. Il est même écrit en vers!** » Louis XV, embarrassé, n'osait déplier le papier, quand il s'y résolut enfin, la lecture provoqua son fou rire. Le maréchal demanda à prendre connaissance de cette ordonnance et il lut :

**« Vous, qui, dans le mésentère,**
**Avez des vents impétueux...**
**Ils sont dangereux**
**Et pour vous en défaire...**
**Pétez!**

**Pétez! Vous ne sauriez mieux faire**
**Pétez!**
**Trop heureux de vous défaire d'eux...**
**A ces malheureux**
**Pour donner liberté tout entière**
**Pétez!...**

**Vous ne saurez mieux faire**
**Trop heureux**
**De vous délivrer d'eux! »**

La veuve de « Monsieur » écrivit sa dernière lettre neuf jours avant de mourir à Saint-Cloud en 1722 et quand elle eut rendu le dernier soupir, un chroniqueur malicieux écrivit : « **Qu'elle dorme en Pets!** »

On jouait à ce moment-là à la « **Pet-en-**

**gueule »** ou **« Pète-en-gueule »**, entre adultes et enfants; dans ce jeu très populaire, deux partenaires se tenaient debout, l'un normalement, les pieds par terre, l'autre la tête en bas. Saisissant avec les bras les jambes l'un de l'autre et se renversant, celui qui était debout se retrouvait à son tour la tête en bas.

En ce début de siècle, tandis que Coulet étudiait la goutte et les goutteux, Mercier s'occupait du pou et du Pet que beaucoup appréciaient toujours. Toutefois, au nom des convenances, « le vent tumultueux » fut combattu au même moment par un éducateur bienfaisant, Jean-Baptiste de La Salle (1651-1711), le fondateur des Frères des Écoles Chrétiennes, qui sera sanctifié plus tard. Selon ce conseiller soucieux de bonne tenue : **« Il est très incivil de laisser sortir des vents de son corps soit par haut, soit par bas, quand même ce serait sans faire aucun bruit, lorsqu'on est en compagnie; il est honteux et indécent de le faire d'une manière qu'on puisse être entendu des autres... »**

Son ouvrage, publié en 1711, *Les Règles de la Bienséance et de la Liberté chrétienne*, intéressa certes quelques familles au sens religieux exacerbé mais ne changea nullement les autres.

En 1733, Mme Dunoyer, dans ses *Lettres Historiques et Galantes*, n'hésitait pas à reproduire quelques vers passionnés adressés au duc du Maine par sa charmante épouse, la petite-fille du Grand Condé :

**« O doux soupir qui partez de mes fesses!**
**Volez! Volez au nez de mon mari,**
**Exprimez-lui l'excès de mes tendresses**
**Et dites-moi ce qu'il aura senti!... »**

Ce qui laisse supposer que les habitués du salon de la duchesse du Maine, au château de Sceaux, se plaisaient, entre deux projets de conspiration, à écouter « les doux soupirs » de celle qui se faisait appeler « la Fée Ludovie... ».

## UN « SOUPIR » DE SAINT-ÉVREMOND

Les œuvres de Charles de Marguetel de Saint-Denis, seigneur de Saint-Evremond, philosophe, moraliste, poète frondeur, spirituel et libertin (1614-1703), ne furent imprimées que deux ans après sa mort, en 1705.

Le charme de sa conversation, son goût pour les plaisirs délicats et son esprit avaient fait de lui le parangon de l'homme de qualité au début du règne de Louis XIV; malheureusement, après la disgrâce de son ami Fouquet, il dut s'exiler en Angleterre.

Cet étrange personnage qui écrivit des textes variés, comme ses *Réflexions sur la Religion* ou sa *Lettre sur les Plaisirs*, ne prit jamais la peine de les faire imprimer.

Ses ouvrages n'étant à ses yeux qu'un divertissement, il en offrait les manuscrits à ses amis.

Curieusement, cet écrivain remarquable, qui se passionna pour *Les Divers Génies du Peuple Romain dans les différents temps de la République*, a composé un long poème sur le Pet, qu'il appelle aimablement un « Soupir », laissant supposer qu'il avait, lui-même, lâché un Pet devant Philis, sa bien-aimée :

« Unique objet de mes désirs,
Philis, faut-il que mes plaisirs
Pour rien se changent en supplices,
Et qu'au mépris de votre foi,
Un Pet efface les services
Que vous avez reçus de moi?

Je sais bien, ô charmant objet,
Que vous avez quelque sujet
D'être pour moi toute de glace,
Et je confesse ingénument,
Puisque mon cul fait ma disgrâce
Qu'elle n'est pas sans fondement!

Et pourtant cet extrême amour
Dont j'eus des preuves chaque jour
Pour un Pet s'est changé en haine
Vous ne pouvez jamais songer
A rompre une si forte chaîne
Pour aucun sujet plus léger...

Mon cœur, outré de déplaisirs,
Était gros de tant de soupirs
Voyant votre amour si farouche
Que l'un d'eux se trouva réduit,
Ne pouvant sortir par ma bouche,
A chercher un autre conduit...

S'il est vrai qu'on n'ose nier
La porte à chaque prisonnier
Alors que la princesse passe,
Ce Pet pouvait avec raison
Vous demander la même grâce
Puisqu'il se voyait en prison.

**S'il ne s'est pas fort bien conduit**
**Qu'il ait fait quelque peu de bruit**
**Lorsqu'il se fraya cette voie**
**C'est qu'il était si transporté**
**Qu'il fit en l'air un cri de joie**
**En recouvrant sa liberté!...**

**Hélas! quand je viens à songer**
**A ce sujet faible et léger,**
**Qui cause mon malheur extrême,**
**Je m'écrie, en ma vive ardeur:**
**Fallait-il me mettre moi-même**
**Près de vous... en mauvaise odeur?»**

***

En ce temps-là, même des dames de la haute société n'ont pas hésité à plaisanter sur les pets qu'elles lâchaient parfois. Ce fut le cas de la duchesse de Marlborough.

John Churchill, duc de Marlborough (1650-1722) serait sans doute toujours inconnu sans une chanson populaire qui l'immortalisa sous son nom déformé de Marlbrough...

Son épouse, par contre, qui fit beaucoup parler d'elle de son vivant par sa désagréable habitude de lâcher des vents, est aujourd'hui totalement oubliée.

Un jour, à table, lui échappa un Pet très sonore. Son voisin, effrayé (ou gêné), quitta la table aussitôt.

Or, ce personnage était un solliciteur que l'on avait placé auprès de la duchesse pour qu'il pût l'intéresser à sa requête.

Tout semblait perdu pour lui, lorsque huit jours après l'incident, il reçut sa nomination officielle, au poste ambitionné, accompagnée d'un court billet de la duchesse de Marlborough qui lui révélait : **« Vous voyez qu'un mauvais vent peut, quelquefois, conduire au port. »**

***

Même Saint-Simon a noté une histoire de Pet dans le grand monde...

Les *Mémoires* de l'illustre Louis de Rouvroy, duc de Saint-Simon (1675-1755), s'étendent de 1691 à 1723 et c'est un gros, très gros manuscrit qui a laissé, sur la France du Roi-Soleil et du Régent, une masse incroyable de renseignements.

Un observateur aussi minutieux ne pouvait oublier le Pet, toujours à la mode... Au chapitre II du livre I de ses *Mémoires*, il note les ennuis d'une dame très fortunée, la fille du marquis de Dangeau, de l'Académie française :

**« Le duc de Montfort épousa la fille unique de Dangeau et de sa première femme... Elle passe pour très riche, mais aussi pour ne pas retenir ses vents... ce dont on fit force plaisanteries... »**

***

Un long discours en latin fut consacré au Pet en 1698 par Emmanuel Marti, né au royaume de Valence, savant linguiste (1663-1737), qui écrivit en latin beaucoup d'ouvrages qu'il signa Martinus.

Parmi ses nombreux ouvrages, plus ou moins poétiques, où il chanta les métaux, les plantes, les pierres, et les animaux, il faut souligner un étonnant discours : *Oratio pro crepitus ventris habita ad patres crepitantes*; dont la première traduction en français sera publiée en 1873 (voir le Triomphe populaire *infra*).

## LA SOCIÉTÉ DES FRANCS-PÉTEURS

L'association dite « Société des Francs-Péteurs », fondée à Caen, au XVIIIe siècle, était une réunion d'hommes d'esprit, philosophes laïques et membres du clergé, adversaires de l'intolérance religieuse, des privilèges nobiliaires et des exigences de l'étiquette.

Leur théorie fit scandale. Les jésuites de Caen les vilipendèrent dans leurs cercles et les dames du monde leur marquèrent de l'hostilité.

Afin de se justifier, ils publièrent *Zéphyr-Artillerie*, en 1743, où, dans une longue dédicace à Madame la Marquise de ***, ils exposent tous les secrets de leur association, traitée par leurs ennemis de « Société Maçonnique ». En voici un extrait révélateur :

**« Nous pétons, et nous pétons librement : voilà, Madame, tout le secret de notre cabale. Nous nous assemblons souvent pour nous convaincre, par des raisonnements suivis, de la nécessité de bien péter, et des agréments que le Pet procure. De là nous passons à la pratique : sachant que le grand air peut contribuer à nos expériences, à la façon des Péripatéticiens, nous travaillons en plein vent; nous humons l'air dans un vaste jardin,**

**ou dans les prairies qui avoisinent la belle ville de Caen.**

**N'allez pas, sur ce début, vous figurer des enfants, des polissons, ou du moins des jeunes gens oisifs qui, au sortir de leurs amusements ordinaires, vont se livrer sans témoins à des puérilités que la liberté et l'indépendance leur font trouver charmantes; vous ne nous rendriez point justice. Nous comptons parmi nous des magistrats, des élèves de Mars, des philosophes, des orateurs, des savants de toute espèce, quoique enjoués, dont nous connaissons la gravité; quoique légers, nous chérissons le bon sens et l'esprit; quoique libres, nous nous glorifions d'une heureuse indépendance; au milieu d'une espèce de tumulte, nous aimons l'ordre, et, pour l'entretenir parmi nous, nous avons des lois, nous nous donnons un chef, qui en est le dépositaire, et que nous nommons Directeur de la Société des Francs-Péteurs.**

**Le Directeur de la Société des Francs-Péteurs est élu à la pluralité des voix, après un long examen des connaissances qu'il a acquises dans l'art pétifique : il a un pouvoir absolu sur tous les autres membres de la Société. Par son emploi, il est chargé de présider toutes les assemblées dont il assigne le temps et le lieu; de juger des expériences qui s'y font, et de résumer les discours qu'on y prononce. C'est lui qui reçoit les nouveaux confrères, et qui chasse ceux qui, par leur mauvaise conduite, déshonorent la Société... »**

On remarque, en lisant ce qui concerne cette société, que l'on ne cite jamais le nom du

Président, qui fut à la fois l'un des auteurs de *Zéphyr-Artillerie* et le fondateur des « Francs-Péteurs ». Il s'agit de Charles Gabriel Porée, qui avait été, durant plus de deux ans, le bibliothécaire de Fénelon; nommé curé de Lonvigny en 1723, il se retira en 1741 dans sa ville natale à Vendes, près de Caen et il écrivit deux ouvrages, *La Mandarisiade* et *L'histoire de D. Ranucio d'Aletès.*

C'est ce directeur qui...

**... « nomme les officiers subalternes, savoir : deux Observateurs, un Greffier et un Rapporteur, dont voici les opérations :**

**Le premier Observateur instruit les prosélytes, détruit en eux les restes du préjugé, les affermit dans la noble résolution de péter librement, souvent et méthodiquement (ce sont les termes de l'art).**

**Le second s'applique à faire connaître la nature du Pet, ses espèces différentes et ses modifications. Tous deux se réunissent pour observer (selon la signification du terme qui explique leurs dignités) toutes les expériences que l'on fait. Il n'est point de Pet, si petit qu'il soit, qui leur échappe; ils l'examinent avec une attention scrupuleuse, ils en font une dissection exacte, et enfin ils en assignent l'espèce.**

**L'office du Greffier est d'abord d'inscrire les noms de ceux qui entrent dans la Société, de recueillir les ouvrages des associés, et de marquer toutes les expériences qui ont été faites.**

**Le Rapporteur examine les progrès des nouveaux admis; il les cite sans partialité**

dans les assemblées particulières, et il détermine le jour de l'initiation, qui se fait à peu près de la sorte :

On introduit le Candidat dans le vestibule de la salle d'assemblée où le Directeur, accompagné des deux observateurs, vient lui demander ce qu'il souhaite. Comme il répond ordinairement qu'il désire entrer dans la Société des Francs-Péteurs, on l'introduit dans l'appartement où on le place sur un siège travaillé à jour. Aussitôt on ferme les fenêtres fort exactement, et on ne laisse qu'une bougie allumée sur la table. Tous les confrères, placés en demi-cercle, entourent le candidat qui est au centre de l'assemblée; puis, au signal du Directeur, qui agit toujours le premier, ils font une brusque décharge de Zéphyr-Artillerie, dont les murs percés, de distance en distance, multiplient et grossissent le fracas. Si le nouveau Frère n'est point effrayé, on pense favorablement sur son compte, et on exige de lui, sans plus attendre, trois Pets clairs, sonores et sans odeur; car les deux Observateurs, qui sont pour lors en embuscade, ne laissent pas échapper le plus petit corpuscule, et jugent toujours sainement de la qualité du Pet.

A cette dernière épreuve succède le discours du Directeur, qui est un exposé des obligations et des prérogatives d'un Franc-Péteur; après quoi tous les Confrères s'étant réunis pour consentir à la réception, le Candidat prononce à peu près cette formule :

" Tenant à grand honneur d'entrer dans la Société des Francs-Péteurs, je voue une constante soumission au Directeur de la Société et amitié à tous les Confrères. Je pro-

**mets qu'ennemi déclaré du préjugé, je le combattrai partout, en pétant librement, souvent et méthodiquement, me gardant toutefois de commettre aucune incongruité qui pourrait nuire au public et déshonorer la Société. "**

**Après ces paroles, prononcées à haute voix, les Confrères se succédant ou s'accordant, selon la mesure, composent le concert pétifique pendant lequel le Candidat va embrasser le Directeur, les Officiers et tous les autres selon leur rang. Voilà, Madame, en quoi consiste la réception d'un Franc-Péteur ».**

L'auteur se flatte, en terminant, que Madame la Marquise de *** emploiera son éloquence **« à protéger et à augmenter la Société des Francs-Péteurs ».**

Après cette dédicace et un avertissement qui la précède, la brochure présente :

**« Discours prononcé dans une assemblée de Francs-Péteurs (Éloge du Pet); Autre Discours prononcé dans une assemblée de Francs-Péteurs (l'Art de bien péter); Lettre chagrine des dames de V *** aux Francs-Péteurs. »**

**« Quoiqu'un des plus grands privilèges des Francs-Péteurs soit de péter librement, est-il possible qu'ils en jouissent près d'une femme aimable dont les attraits vainqueurs ne leur laissent d'autre pouvoir que celui d'être respectueux et tendres?**

**Si, par l'effort d'une habitude légitime à la vérité, un vent indiscret se fait jour, l'ingénieux Amour saurait le métamorphoser, ce ne serait plus un Pet, mais un tendre soupir!... »**

Les auteurs de *Zéphyr-Artillerie* ne pouvaient manquer l'occasion de reproduire la galante poésie de Saint-Evremond sur « ce soupir » qui n'avait pas osé sortir par la bouche...

Devant l'importance prise par leur société, les Francs-Péteurs se firent composer un hymne, intitulé *Le Pet Vengé*; les couplets de ce chant à tendance philosophique montrent que ces Francs-Péteurs étaient également de Francs-Penseurs et de Francs-Buveurs :

**« Fuis loin, grotesque prud'hommie,**
**Avec tes graves sectateurs!**
**Disparais, stoïque folie,**
**A l'approche des Francs-Péteurs!**
**D'une utile philosophie**
**Seuls ils connaissent les douceurs.**

**.........................................**

**Ennemis de la vaine gloire,**
**Doctes sans ostentation,**
**Pour eux le temple de Mémoire**
**Est une fade fiction;**
**A péter souvent, rire et boire,**
**Ils mettent leur ambition...**

**Vous qui vivez dans l'esclavage,**
**Venez goûter la liberté**
**De ce nouvel Aréopage,**
**Joyeux et noble sans fierté;**
**Elle est une riante image**
**Du monde dans sa puberté... »**

La brochure *Zéphyr-Artillerie* surprit et amusa, et plusieurs poètes, professionnels ou amateurs, s'en inspirèrent; un certain M. Duverbosq, un des beaux esprits de cette époque frivole, rima quelques couplets en hommage aux défenseurs du Pet et de la Liberté. Le manuscrit faisait partie de la collection d'un amateur : M. de la Corsonnière. Les couplets seront seulement publiés en 1854 :

**« Enfin, trêve de complaisance!**
**Nous recouvrons la liberté,**
**Et désormais la bienséance**
**Va céder à l'utilité.**

**Trop longtemps, par condescendance,**
**Par une vaine honnêteté,**
**Contre les lois de la prudence,**
**On n'a que sourdement pété.**

**Mais, grâces à l'art pétifique,**
**A son aimable et grave auteur,**
**Aujourd'hui, narguant la critique,**
**Chacun peut être Franc-Péteur... »**

En 1770, la mort de Charles-Gabriel Porée, le maître des Francs-Péteurs, n'arrêta pas la marche triomphale de la société et ses membres continuèrent à péter librement jusqu'à la Révolution qui leur sera fatale.

On a raconté que l'un des membres de cette honorable société avait parié un jour avec un restaurateur qu'il paierait son repas et celui de ses invités en faisant devant lui cent Pets en suivant, ni plus ni moins. Le pari tenu, il s'exécuta, mais il en lâcha cent deux : « **Vous avez perdu!** s'écria le restaurateur, **il y en a deux de trop!...** »

« **Vous oubliez le garçon!...** » répliqua le Franc-Péteur!

Publié la même année par *Zéphyr-Artillerie*, un *Code de la Santé*, en vers, conseillait de péter librement.

Historien et poète, Antoine-Augustin Bauzen de la Martinière (1662-1749), conseiller du duc de Parme puis premier géographe du roi d'Espagne, est l'auteur d'un *Grand Dictionnaire Géographique, Historique et Critique*. Après avoir commis quelques fables et épigrammes, ce chercheur eut l'idée de traduire en vers français un ouvrage publié en latin au XIe siècle : *L'Art de conserver la Santé*, long poème de Jean de Milan, l'un des disciples de Constantin l'Africain, qui avait donné un nouvel essor à l'école de médecine de Salerne.

Dans cette traduction, qu'il intitula *Le Code de la Santé*, en 1743, M. de la Martinière prit, au nom de la médecine, la défense du Pet :

**« De lâcher certains vents on se fait [presque un crime**
**Et toutefois, qui les supprime**
**Risque l'hydropisie et la convulsion;**
**Les vertiges cruels, les coliques affreuses**
**Ne sont que trop souvent les suites [malheureuses**
**D'une triste discrétion!... »**

***

On s'amusa, à la même époque, d'un mot de Chrétien Guillaume Lamoignon de Malesherbes, élève du père Porée, et nommé, très jeune, procureur général. A vingt-sept ans, en 1747, il était conseiller d'État et, six ans plus tard, succédait à son père comme président de la cour des Aides. Il exerça, en même temps, la charge de directeur de la Librairie. Ayant commis l'erreur de défendre Louis XVI, il mourut en 1794 sur l'échafaud.

On se répétait ses plaisanteries, de salon en salon, et l'on rit beaucoup d'un sage conseil qu'il donna à un perruquier nommé Dolet qui le rasait lorsque son valet de chambre avait autre chose à faire. Un jour qu'il s'acquittait de cette tâche, Dolet faisait d'horribles grimaces.

**« Qu'avez-vous donc, Dolet?** lui demanda M. de Malesherbes et le perruquier répondit :

**– Oh, rien... Monsieur! rien!...**

**– Mais vous avez l'air de souffrir?...**

**– Non, Monsieur!**

**– Que signifient alors toutes les contorsions que vous faites?... Vous êtes plus laid que le Diable! »**

M. de Malesherbes ayant longuement insisté, le brave Dolet finit par avouer qu'il était sujet... à des vents.

**« Ce n'est que cela,** lui dit le gentilhomme, **eh bien, pétez!... mon cher Dolet, pétez!... Je connais aussi bien cette maladie et je ne manque jamais l'occasion de me soulager... Allons... Pétez... Dolet! »**

***

Toutefois, une brochure, signée Jeanne Fesse, éditée en 1755, ne remporta pas le succès attendu :

*Histoire et aventures de Milord Pet, dédiées à messieurs les vidangeurs de la ville et généralité de Paris, seigneurs des basses œuvres du Royaume...*

***

Par contre, les plaisanteries du marquis de Bièvre, spécialiste du calembour, remportèrent un véritable triomphe.

Georges François Maréchal de Bièvre, marquis de Bièvre (1747-1789), était le petit-fils du chirurgien qui avait entouré Louis XV de ses soins pendant ses vingt-six premières années. Il dut sa plus grande célébrité à ses calembours; les titres de ses ouvrages en sont composés; comme le plus fameux d'entre eux qui amusa la Cour : *Lettre à la Comtesse Tation!* (1770); il y eut encore : *Les sentiments patriotiques et réflexions utiles de l'Abbé Quille...* et *Les Amours de l'Ange Lure...*

En 1770, Grimm, dans sa *Correspondance Littéraire*, a critiqué le marquis aux calembours : « Il n'y a pas de genre qui demande plus de sobriété que le genre détestable des pointes et des calembours, M. de Bièvre en dégoûterait les plus grands amateurs, c'est-à-dire tout ce qu'il y a de plus plat et de plus frivole dans une nation... »

On a cité fréquemment l'un des calembours de ce marquis espiègle, qui, traversant le Pont-Neuf, entendit un passant lâcher un Pet bruyant : « **Eh quoi?** s'écria le marquis de Bièvre, **à quoi servent donc les " parapets "? »**

## LA MAUVAISE LANGUE DU DIVIN MARQUIS

En 1772, la police de Marseille s'intéressa au marquis de Sade, accusé d'avoir maltraité et empoisonné quelques prostituées au cours de la soirée du samedi 27 juin. L'enquête permit de reconstituer son emploi du temps. Après avoir passé un bon moment avec son tailleur, puis soupé en compagnie d'un comédien, il avait rendu visite à une prostituée chez qui se trouvaient, pour la circonstance, quelques-unes de ses collègues.

Marguerite Coste, vingt-cinq ans, qui l'avait déjà reçu comme client, accepta d'avaler « un drageoir d'anis » qui la rendit si malade que l'on crut qu'elle ne survivrait pas. Interrogée, après cette grave indigestion, la fille Coste décrivit notamment des scènes de flagellation... et dit s'être refusée à la sodomie proposée par le marquis contre un louis... « **Après,** dit-elle, **il s'amusa de ma personne... entre autres, il mit sa langue à mon anus en sollicitant des vents... puis il m'a quittée assez tôt...** »

Marguerite Coste n'a pas dit : « Ce marquis est un vrai cochon », mais elle devait l'avoir sur le bout de la langue.

Le 3 novembre, Sade, arrêté et jugé, fut condamné à mort ainsi que son valet de chambre complice, mais l'affaire « s'arrangea » et il put reprendre les expériences amoureuses que l'on sait.

## *L'ART DE PÉTER* RÉVÈLE EN 1776 TOUS LES SECRETS DU PET

Publié en 1776, un ouvrage insolite amusa la France entière. Son titre, à lui seul, attira une belle clientèle : *L'Art de péter, Essai théori-physique et méthodique à l'usage des personnes constipées, des personnages graves et austères, des dames mélancoliques et de tous ceux qui sont esclaves du préjugé*... « En Westphalie, chez Florent Q, rue Pet-en-Gueule, au Soufflet M.DCC.LXXVI. »

Les premières pages contiennent une adresse :

**« A leurs Excellences Carnaval et Carême-Prenant »**, suivie d'un *Avis au lecteur* :

**« Il est honteux, lecteur, que, depuis le temps que vous pétez, vous ne sachiez pas encore comment vous le faites et comment vous devez le faire... On s'imagine communément que les Pets ne diffèrent que du petit au grand et, qu'au fond, ils sont tous de la même espèce, erreur grossière !...**

**Cette matière que je vous offre aujourd'hui, analysée avec toute l'exactitude possible, avait été négligée jusqu'à présent...**

**Péter est un Art, et par conséquent, une chose utile à la vie comme disent Lucien, Hermogène, Quintilien, etc. Il est en effet plus essentiel qu'on ne pense ordinairement de savoir péter à propos... »**

**« Enfin, on peut péter avec règle et avec goût, comme je vous le ferai sentir dans toute**

**la suite de cet ouvrage. Je ne balance pas à faire part au public de mes recherches et de mes découvertes sur un Art dont on ne trouve rien de satisfaisant dans les plus amples dictionnaires... »**

Après un savant rappel de textes sur le Pet de certains médecins, philosophes, poètes, une définition du Pet en général et une démonstration totale de cette définition, l'auteur examine avec soin les espèces différentes de Pets :

**« Les grimauds de grammaire divisent les lettres en voyelles et en consonnes... nous divisons les Pets en vocaux, en muets, ou vesses proprement dites. »**

**« ... Les Pets vocaux sont naturellement appelés pétards, du mot péter, relativement aux espèces différentes des sons qu'ils produisent, comme si le bas-ventre était rempli de pétards...**

**... Le grand pétard est pléni-vocal et le petit s'appelle semi-vocal.**

**Le grand Pet-pétard, ou plénivocal-plein, se manifeste avec grand bruit, non seulement en raison du calibre ample et spacieux qui le produit, comme celui des paysans; mais encore à cause de la multitude de vents causés par la déglutition d'une quantité considérable d'aliments flatuleux ou par la médiocrité de la chaleur du ventricule et des intestins. On peut comparer ce phénix des Pets à l'explosion des canons, des grosses vessies, etc. »**

Poursuivant son étude, l'auteur cite quelques remarques des adversaires du Pet :

**« Ce n'est point par le son que le Pet nous choque, disent-ils : s'il n'avait que des impromptus harmonieux, loin de nous offenser, il saurait nous plaire ; mais il est toujours suivi d'une odeur disgracieuse qui compose son essence et qui afflige notre odorat : voilà en quoi il est coupable. Il ne s'est pas plus tôt fait entendre qu'il disperse des corpuscules infects qui troublent la sérénité de nos visages, etc. »**

La réponse est nette :

« **C'est bien mal connaître le Pet, que de le croire si criminel et coupable de tant de grossièretés. Le vrai Pet, ou le Pet clair, n'a point d'odeur, ou du moins si peu, qu'elle n'a pas assez de force pour traverser l'espace qui se trouve entre son embouchure et le nez des assistants...** »

Vient alors un exposé d'apparence scientifique sur certaines ventosités malfaisantes dont l'une attriste l'odorat, la vesse ou « **Pet muet** », ou « **Pet féminin** » et l'autre que l'on nomme « **Pet épais** » ou « **Pet de maçon** ».

Il est indispensable, prétend l'auteur de *L'art de péter*, de diviser les Pets en « **simples** » et « **composés** ».

Les Pets simples consistent en un seul grand coup alors que les Pets composés partent par plusieurs grands coups et éclat par éclat... qui se succèdent les uns aux autres « **à peu près comme quinze à vingt coups de fusil tirés de suite...** »

On les nomme « **Diphtongues** » ou « **Tonnerres de poche** » !

Le chapitre IV concerne ce Pet diphtongue, qui s'échappe lorsque l'orifice est bien large et que la matière est copieuse... « **Rien de plus joli que le mécanisme des Pets diphtongues...** »

Dans le chapitre V, on apprend que le Pet diphtongue est plus terrible que le tonnerre... et que sa violence peut même faire fuir le Diable, ainsi que l'ont affirmé plusieurs auteurs anciens.

Au cours de ces récits, on lit la plaisante aventure d'un homme que le Diable tourmentait depuis longtemps pour qu'il se donnât à lui ; ne pouvant plus résister aux persécutions du Malin Esprit, il y consentit sous trois conditions qu'il lui proposa sur-le-champ :

Premièrement, il lui demanda une grande quantité d'or et d'argent, qu'il reçut aussitôt... Deuxièmement, il exigea qu'il le rendit invisible, le Diable lui en enseigna les moyens et lui en fit faire l'expérience sans l'abandonner...

Évidemment, le brave homme était bien embarrassé et il ne savait plus quoi demander qui pût mettre le Diable dans l'impossibilité de le satisfaire.

Il fut alors saisi d'une peur dont l'excès le servit, tout à fait par hasard. Dans ce moment critique, il lui échappa un « **Pet diphtongue** » dont le tapage ressemblait à celui d'une « **décharge de mousqueterie** ».

Saisissant alors cette occasion, il dit au Diable :

« **Je veux que tu m'enfiles tous ces Pets et je suis à toi !** »

« **... Le Diable essaya l'enfilement demandé, mais quoiqu'il présentât d'un côté le trou de l'aiguille et qu'il tirât de l'autre à belles dents,**

**il ne put jamais en venir à bout! Enfin, épouvanté par l'horrible tintamarre, répété et multiplié par les échos d'alentour, confus et furieux, il s'enfuit en lâchant une vesse qui empuantit toute la région. »**

Il est de nouveau question des ennuis du Diable quelques pages plus loin; cette fois, le Malin Esprit avait, bêtement, raté un Pet : un Diable, en pays latin, voulant un jour, lâcher un Pet, ne fit qu'une vesse foireuse, dont il « **embrenna** » ses culottes et, « **maudissant la trahison de son derrière, il s'écria avec colère : "*Nusquam tuta fides!*" "Il n'y a donc plus de bonne foi dans le monde!"** ».

Avec le chapitre VI, nous retrouvons une définition précise de diverses catégories de Pets, comme le semi-vocal ou petit Pet, lui-même divisé en clair, moyen et aspiré :

**« Le Pet clair est un semi-vocal, ou petit Pet, il est composé d'une matière très sèche et très déliée, qui, se portant avec douceur le long du canal de sortie, qui est fort étroit, soufflerait à peine une paille. On l'appelle vulgairement "Pet de demoiselle"; il n'alarme point les nez sensuels et n'est point indécent comme la "vesse" et "le Pet de maçon". »**

**« Le Pet aspiré est un petit Pet semi-vocal; il est composé d'une matière humide et obscure. Pour en donner l'idée et le goût, je ne saurais mieux le comparer qu'à un Pet d'oie, et peu importe que le calibre qui le produit soit large ou étroit; il est si chétif qu'on sent bien qu'il n'est qu'un avorton. C'est le Pet ordinaire des Boulangères. »**

**« Le Pet moyen tient en quelque sorte un juste milieu entre le Pet clair et le Pet aspiré ; parce que la matière homogène dont il est composé, étant de qualité et de quantité médiocres et se trouvant bien digérée, elle sort d'elle-même sans le moindre effort par l'orifice qui, pour lors, n'est ni trop serré ni trop ouvert. C'est le Pet de ceux qui s'ennuient de leur pucelage et des femmes de Bourgmestres. »**

Après une étude sur les causes des Pets, l'auteur de cet *Art de péter* s'est intéressé à l'aspect musical des Pets...

**« Distinguo : il y a de la musique dans les Pets diphtongues : concerto, dans les autres Pets, nego.**

**La musique qui résulte des Pets diphtongues n'est pas celle qui s'exprime par la voix, ou par l'impulsion de quelque chose de sonore, comme d'un violon, d'une guitare, d'un clavecin, etc. »**

Cette musique ne dépendrait que du mécanisme du sphincter de l'anus qui en se resserrant ou en s'élargissant plus ou moins, forme des sons tantôt graves et tantôt aigus... Précision importante : les Pets diphtongues sont les seuls capables de faire de la musique.

Cet *Art de péter* se termine par une nomenclature des Pets : **« ceux de province, moins falsifiés que ceux de Paris, où l'on raffine sur tout »** :

**« Les Pets de ménage, d'un goût excellent dans leur primeur ;**

**Les Pets de Bourgeoises, d'un assez bon fumet lorsqu'ils sont bien dodus et proprement accommodés!**
**Les Pets de Paysannes, très beaux et très bien faits!**
**Les Pets de Bergères, qui sentent le sauvageon!**
**Les Pets de Vieilles, si désagréables qu'on ne trouve pas de marchand pour les négocier!**
**Les Pets de Boulangers... Pets diphtongues... ; les Pets de Potiers de terre, quoique faits au tour, ils sont sales et puants;**
**Les Pets de Tailleurs, de bonne taille, ils ont un goût de prune;**
**Les Pets de Géographes, semblables à des girouettes, ils tournent à tous les vents... ;**
**Les Pets de cocus, ils sont de deux sortes, les uns sont doux, affables, mous... ce sont les Pets des cocus volontaires : ils ne sont pas malfaisants. Les autres sont brusques, sans raison et furieux... »**

***

Il n'y avait plus de limite aux facéties sur ces sujets, crottes, coliques ou Pets! Vers 1775, on vit circuler un poème scatologique qui provoqua de bons gros rires à Paris comme dans les campagnes :

**« ... Désirant vous offrir mon hommage et [mes vœux,**
**Je voulus soupirer, je fis un Pet fèveux...**
**Croyez-moi, cher objet, ma tendresse [venteuse**

**Célébrera toujours votre beauté mer-**
**[deuse...**
**A vous péter au nez je mets tout mon**
**[bonheur**
**Et le trou de mon cul est votre servi-**
**teur !... »**

## LA DRÔLE DE MUSIQUE DE MOZART

Emporté par cette vague de la pétomanie et de la scatologie, Mozart, qui, en 1777, fêtait son vingt et unième anniversaire, avait l'habitude d'adresser des lettres curieuses à sa cousine chérie, qu'il appelait « Petit Lièvre » :

**« Ah ! mon cul me brûle comme du feu... Qu'est-ce que ça peut vouloir dire ? Peut-être une crotte veut-elle sortir ?**
**... Et qu'est-ce que c'est ?... Est-ce possible ?... Mon oreille, ne te trompes-tu point ? Non, c'est bien cela : quel long et triste son !... »** (novembre 1777.)

Wolfgang Amadeus écrivait sur le même ton à sa sœur :

**« Je fais des Pets et j'adore !... J'ai fait un gros Pet, j'ai regardé et senti mon doigt !... »**

On a publié certaines lettres, plus scatologiques encore, qu'il écrivait à son père.

Pour un Allemand du Sud, en cette fin de siècle, les plaisanteries de ce genre étaient très courantes et n'étaient même pas choquantes ; Léopold, le père d'Amadeus, ne se scandalisa même pas d'une lettre de son fils, datée du 22 novembre 1777 dans laquelle il parlait de lui faire « **déguster une crotte...** »

Ce goût légendaire de Mozart pour le Pet devait inspirer, deux siècles plus tard, le cinéaste tchécoslovaque Milos Forman (célèbre pour son *Vol au-dessus d'un nid de coucous*...).

Dans *Amadeus* (1984), on voyait Mozart, contraint, au cours d'une soirée à gages, d'interpréter des compositions d'Antonio Salieri, le musicien italien. A la fin de son numéro, Mozart se soulève de son siège en écartant les pans de son habit et se met à péter copieusement afin de prouver son profond mépris du compositeur italien et de ses œuvres...

***

C'est à cette époque que l'on songea à éditer *L'histoire du prince Pet-en-l'air* (d'auteur inconnu), qui relate que 3 000 ans plus tôt, le prince Pet-en-l'air était en guerre avec la reine des Amazones pour la possession d'un fort.

Un combat singulier fut décidé pour trancher le litige, entre une Amazone et un champion du prince. Après quelques attitudes injurieuses des gens du prince qui reçurent la reine en lui montrant leur cul, très opportunément le combat fut constitué par un concours de Pets. « **Escrimons en pétant et que celui qui pétera le plus galamment et le plus justement, soit reconnu le vainqueur de l'autre** », proposa la reine des Amazones. Le champion du prince lâcha le premier Pet, « **Mais quel Pet ? Ah, quel Pet ! C'était peut-être le plus effrayant et le plus pestiféré**

**Pet qui oncques eût jamais été lâché et entendu.** » L'Amazone, indignée, allait lâcher une flèche à son adversaire « **quand elle-même fit un Pet flûté, qui s'épancha gracieusement, sans odeur et dans des sons d'une mélodie enchanteresse** » et qui lui fit immédiatement gagner le conflit.

*
* *

Sans comparer le roi de France au prince Pet-en-l'air, Grimm a relaté un petit événement qui se déroula en 1778 à Versailles; le roi Louis XVI traversait d'un pas allègre la Galerie des Glaces lorsqu'il lâcha une série de Pets. Le marquis de Bièvre, toujours à l'affût de calembours, s'écria aussitôt :

« **Heureuse nouvelle! Des bruits de... Pets... circulent à Versailles!..** »

On prétend qu'un gentilhomme ajouta, à mi-voix :

« **Je constate qu'ils ne sont pas sans fondement!...** »

Grimm, cette fois, n'a pas attaqué « le marquis aux calembours » comme il l'avait fait en 1770!

## UNE ROMANCE SUR LE PET EN 1795

En cette fin de siècle, encore tourmentée par les crimes de la Révolution, quelques associations lyrico-bachiques faisaient triompher la chanson française, à l'heure du café et des liqueurs.

La « Société des Joyeux » tint sa première réunion en 1792 à « l'Ile d'Amour » de Belleville et quatre ans plus tard, aux plaisants « Dîners du Vaudeville », il n'y avait place que pour la chanson.

C'est à la fantaisie de l'un des membres de ces sociétés chantantes que l'on doit une romance sur *Le pauvre Pet réduit à l'esclavage*, qui se chantait sur l'air de *O ma Zélie!* La « crudité » de ses couplets en fit un succès populaire!

**« Ah! Je prétends punir votre insolence;**
**Remarquez bien ce que vous avez fait;**
**Quoi, vous osez péter en ma présence**
**Savez-vous bien où peut aller un Pet?**

**Un pauvre Pet réduit à l'esclavage**
**Las de souffrir une sale prison**
**Est-il puni pour se faire un passage!**
**La liberté fut toujours de saison.**

**Quoi, pour un Pet échappé sans malice,**
**Ai-je péché contre les règlements?**
**Déclarez-vous, grands Juges de police,**
**Si vous voulez aussi régler les vents.**

**Un Pet est-il assez de conséquence**
**Pour élever contre un cul tous nos sens!**
**Ce pauvre cul quoique plein d'innocence**
**Pour vous fléchir vous donne de l'encens.**

**Jamais un Pet, soit dit, sans vous [déplaire,**
**Ne fut poussé plus méthodiquement;**
**J'avais aussi mes raisons pour le faire;**

**Car jamais Pet ne fut sans fondement.**
**Veillez, Ô Guet, à nettoyer les rues,**
**Réglez les jeux, la chair et le poisson**
**Mais sur les culs vous n'avez point de [vues!**
**Un cul peut tout dans son caleçon.**

**Que feriez-vous de nous en votre empire?**
**Disaient les vents du Nord et du Levant**
**Vous qui grondez contre un simple [zéphyr**
**Qui par hasard est venu du Ponant!**

**Apaisez donc, belle, votre colère;**
**A quoi sert-il à moi de disputer!**
**Vous permettez à nos ânes de braire**
**Défendrez-vous à nos culs de péter?**

**Ah! Si j'osais, mais je n'ose le dire...**
**Ou si j'osais vous le dire tout bas...**
**Je n'en puis plus... mon mal de ventre [empire...**
**Je fais sous moi... ne le sentez-vous [pas?...** »

Les « Pets » et les « culs » de cette chanson continueront à amuser le public pendant le Directoire...

# III

# LE TRIOMPHE POPULAIRE

## (XIXe siècle)

Personne n'aurait pu prévoir que ce XIXe siècle qui commença par l'installation du Tribunat et du Corps Législatif, la création de la Banque de France et l'installation de Bonaparte aux Tuileries, allait devenir celui du grand triomphe populaire du Pet.

Les gaudrioles des premières sociétés chantantes de la fin du XVIIIe se fredonnaient encore ; l'une d'elles, sur l'air de *Ça n'se peut pas !* amusait les bonnes gens, alors que Bonaparte remportait à Marengo sa victoire sur les Autrichiens :

**« Dans une triste hostellerie**
**Un officier vient séjourner.**
**Pour calmer sa faim inouïe,**
**Il demanda son déjeuner...**
**– Nous n'avons, lui répondit l'hôtesse,**
**Que des œufs à vous présenter...**

**Mais, avant de les faire cuire,**
**L'officier crache sur chaque œuf...**
**L'hôtesse aussitôt de lui dire :**
**– A quoi sert donc ce moyen neuf?**

**– C'est pour empêcher qu'il ne pète!**
**– Ah! reprend l'hôtesse à son tour,**
**Crachez donc sur le cul de Jeannette**
**Qui nous pète au nez tout le jour! »**

En 1806, deux ans après le sacre de Napoléon, on mit en vente un poème didactique en quatre chants au titre grossier : *La Chézomanie ou l'art de ch... La Chézomanie*, long poème didactique, n'est signé que des initiales C.R. L'auteur y a chanté, en alexandrins, entre des pages de scatologie ordurière, la gloire du Pet. La brochure, dont le prix était de deux francs, imprimée par Oudart, à Bruxelles, fut seulement tirée à cent deux exemplaires, alors que son auteur avait espéré un gros succès, ainsi qu'il l'a écrit dans son chant premier :

**« Pourvu que cent mille exemplaires**
**Soient bien vite achetés chez messieurs [les libraires,**
**Or cent mille c'est peu s'il s'en débite [autant**
**Que l'on compte de culs qui ne font que [du vent!**
**Mais il est temps... au jour révélons nos [lumières**
**Et que ma bouche enfin débouche les [derrières!**
**On fit « l'art de péter » et « l'éloge du Pet »**
**Partant, l'art de ch... n'est pas plus indis- [cret! »**

Ce poète qui n'avait pas peur des mots a retrouvé, pour parler du Pet, la forme traditionnelle...

**« Dirai-je encor ici les vents de toute [espèce,**
**Depuis le Pet pimpant jusques à l'humble [vesse,**
**Qui se faisaient entendre ou seulement [sentir,**
**Suivant la liberté qu'ils avaient de sortir ?**

**Par un chemin couvert, une étroite ouver- [ture,**
**Que de Pets, s'élançant de leur prison [obscure,**
**Précipitaient leur vol dans les airs infectés !**
**Que d'autres les suivaient, coup sur coup [répétés,**
**Semblaient en se choquant se disputer la [place**
**Et loin de leur pays se perdaient dans [l'espace...**

**Voilà des haricots l'effet inévitable**
**Or tout le monde peut en avoir sur sa [table ;**
**On peut y joindre encor des choux et des [navets :**
**Et des milliers d'étrons, de vesses et de [Pets**
**En seront le produit, mais pour un certain [monde,**
**Ce n'est pas là-dessus que le dîner se [fonde ! »**

***

Après cette *Chézomanie*, on mit en vente une brochure intitulée *Merdiana* (vers 1808). Elle contient une collection d'anecdotes qui ne sont pas toutes des nouveautés mais qui avaient conservé auprès du public un certain pouvoir comique...

**« Un évêque qui sollicitait le chapeau de cardinal, ayant pété, un plaisant lui dit : " Monseigneur, vous voudriez bien que ce fût un vent cardinal ! " »**

Le calembour avait également sa place (en souvenir sans doute du marquis de Bièvre) :

**« On dit que quand les anges pètent ils font vendange... (vent... d'ange !). »**

Quelques « poésies » sur le Pet apparaissent ici ou là...

> **« Certain Gascon aimait l'insensible [Phillis,**
> **En soupirant un jour près de sa belle,**
> **Il laissa par hasard sortir un vent coulis**
> **Dont le bruit l'étonna. – Qu'entends-je ?...**
> **Lui dit-elle...**
> **Quelle vapeur laissez-vous exhaler ?**
> **– C'est un soupir, répondit-il, cruelle,**
> **Que vos rigueurs font reculer... »**

Des anecdotes, plus ou moins spirituelles, se succèdent : **« Quelqu'un, dans une société brillante et nombreuse, ayant laissé tomber un vent, dont la chute fit beaucoup de bruit, s'excusa en disant : " Cette fois, on ne dira point que j'ai fait un coup de tête ! " »**

Une autre joue sur le calembour : **« Un jeune homme, se faisant coiffer, dit à son perruquier : – Mon ami, avez-vous un " fer à toupet ?... " – Oui, monsieur !... – Eh bien, mettez**

**une papillote à celui-là!... Et il fit un Pet énorme!»**

Ce recueil facétieux ne manque pas de chansons, la preuve... *Au bonheur des péteux*!

**« Existe-t-il sur la terre**
**Une musique plus claire**
**Et d'un plus heureux effet**
**Que celle du Pet?**
**Si la vesse a son essence**
**Le Pet éclate en cadence**
**Et l'odeur la suit de près;**
**Faisons tous des Pets en France!**
**Faisons tous des Pets!... »**

S'il n'existe pas de rapport précis sur des vents lâchés en public par Napoléon I^er^, en 1808, le *Journal des Débats* se permit de publier une épigramme contre Geoffroy, critique en vogue et lèche-bottes bien connu :

**« Si l'empereur faisait un Pet**
**Geoffroy dirait qu'il sent la rose**
**Et le Sénat aspirerait**
**A l'honneur de prouver la chose! »**

***

Pendant ce temps, dans les campagnes (pas celles de Napoléon...) : *Annonces et Réclames du Journal de Pettonville* étaient vendues par les colporteurs, allant de village en village :

**« Avec la muse de la Villette,**
**Le sieur Peters, rue des Venteux**
**Fabrique, en grand, une recette**
**Pour faire pousser les cheveux.**

**Le sieur Vessier de la Rivière**
**A des moyens superlatifs**
**Pour faire parler du derrière**
**Les sourds-muets et les poussifs.**

**On trouve la pétomanie**
**Dans tous les lieux et notamment**
**Au cul-de-sac de l'harmonie**
**Chez Van Culmann, numéro cent. »**

**(Signé : M. Bombardon.**
**Inventeur du gaz portatif.)**

## AU TEMPS DES GOGUETTES

Des célébrités de sociétés chantantes n'ont pas craint de mêler les Pets à leurs refrains grivois ou bachiques, comme le vaudevilliste et chansonnier Armand Gouffé, qui fut président du Caveau et dont on admirait la correction du vers et la richesse de la rime sous l'Empire.

Très célèbre en 1810, il poursuivit sa brillante carrière jusqu'en 1834, l'année de sa retraite à Beaune où il mourut en 1847, à soixante-douze ans.

C'est lui qui chanta, sur l'air de *J'ai vu la meunière*, un couplet très coquin :

**« Lucas le mettait par devant**
**A sa chambrière...**
**Comme il entrait, voilà qu'un vent**
**Sortit par derrière...**

**– Ah ! dit Lucas en déconnant,**
**Que ne puis-je en ce moment,**
**Boucher le derrière**
**Comme le devant ! »**

Un autre habitué des sociétés chantantes inventa *L'Hymne du Pet* :

**« ... Autrefois les sons de la lyre**
**Ont fait admirer Amphion,**
**Mais de cet art fait pour séduire**
**Lui devons-nous l'invention ?**
**Pour peu qu'à l'histoire on s'applique**
**On voit clairement aujourd'hui**
**Que le Pet fut une musique**
**En vogue longtemps avant lui !**

**Le Pet, dans un juste équilibre**
**Sait maintenir tous les humains.**
**On pète aux rivages du Tibre**
**Comme sur les bords africains.**
**Dans Babel, un Dieu qu'on outrage**
**Par les plus infâmes forfaits**
**Des mortels confond le langage**
**Mais il ne confond pas leurs Pets !**

***

On peut supposer que la grande colère du peuple contre Charles X a inspiré certain chant de révolte dont l'auteur se déclara capable de « péter au nez d'un tyran ! ».

**« Vesser est d'une âme vulgaire**
**Et marque la timidité,**
**Les Dieux m'ont fait une âme fière**

**Je veux péter en liberté!**
**Si d'un tyran la main sanglante**
**Retenait mes bras enchaînés,**
**Bravant sa colère impuissante**
**Je saurais lui péter au nez!**
**Grands que respecte le vulgaire,**
**Vous ne me rendez point jaloux,**
**Je suis votre égal sur la terre,**
**Puisque j'y pète comme vous!...** »

## BÊRANGER IMPROVISE UNE CHANSON SUR *LE NOYER DE LA PÉTEUSE*

Le grand chansonnier P.J. de Béranger (1780-1857), épicurien, grivois et patriote, improvisa une chanson sur le Pet. Il avait été invité, vers 1832, par une ancienne actrice de l'Opéra-Comique, Marie-Agathe Gavaudan, retraitée depuis 1822. Retirée à Passy, cette célébrité se plaisait à recevoir régulièrement quelques amis dignes d'elle dans sa propriété. On lui amena un jour le très illustre P.J. de Béranger. Faisant faire à ses invités le tour de son parc elle leur montra, en souriant, un noyer de belle taille qui portait le nom saugrenu de *Noyer de la péteuse*. Tout le monde riait en chœur et madame Gavaudan, connaissant le talent de Béranger, lui demanda d'improviser deux ou trois couplets sur cet arbre curieusement baptisé. Le chansonnier ne se fit pas prier et il rédigea en quelques minutes ces couplets facétieux :

**« Le noyer de la péteuse
Est célèbre dans le canton
Une aventure amoureuse
Lui valut ce vilain nom...**

**Là, Colin près de Colette,
Demandait tendre retour,
Mais la pauvre fille pète...
Et voit s'envoler l'amour!**

**Colin, loin de la péteuse
Fuit en se pinçant le nez
La pastourelle, honteuse,
Baissait un front consterné...**

**Apprenez par là, mes belles,
Vous qu'on trompe si souvent,
Que puisque l'amour a des ailes
Il s'enfuit au premier vent! »**

## UN VÉRITABLE COUP DE FEU...

Eugène Vivier, né à Brioude le 3 décembre 1817, mort à Nice le 24 février 1900, par ailleurs virtuose du cor d'harmonie, fut un écrivain prolifique et malicieux aux multiples œuvrettes pourchassant la bêtise.

Ce spécialiste des sons inédits deviendra la coqueluche des rois, du tsar et de l'empereur Napoléon III. Il lui restait dans le registre des bruits à se singulariser encore, c'est ce qu'il fit en 1845 en montant une farce à la préposée des cabinets d'aisance du passage des Panoramas à Paris.

Vivier, prenant pour la circonstance un air d'homme très pressé, donne sa dîme à la gardienne et s'introduit en grande hâte dans l'un des cabinets.

On entend quelques instants après un bruit très fort comme celui d'une arme à feu.

La gardienne s'affole et appelle la police qui, faute de réponse, fait enfoncer la porte du cabinet du drame.

Mais Vivier est là, bien vivant, lisant son journal assis sur le siège. Il s'étonne de tout ce remue-ménage et s'inquiète à son tour. Quand on lui dit que la préposée avait, au bruit, cru à un suicide par arme à feu, Vivier se met à rire et explique : **« C'est tout simplement parce que j'ai mangé des haricots ! »**

Stupeur de la gardienne : **« Ben ça, dit-elle, ça fait vingt-cinq ans que je suis dans le métier et jamais je n'en ai entendu un pareil ! »**

Vivier avait, bien sûr, réellement tiré un coup de feu...

## « 1845, UN RECUEIL ROMANTIQUE... DE PETS ET DE CROTTES : UNE NOUVELLE MOUTURE DE *MERDIANA* »

Les rêveries à la mode, les clairs de lune et les feuilles d'automne n'empêchaient pas, en ce temps du Romantisme, certains éditeurs de publier des brochures plutôt ordurières et ils trouvaient, curieusement, des acheteurs... L'un d'eux, en 1845, mit en vente un recueil d'anecdotes intitulé *Merdiana... ou manuel des chieurs, à Merdianopole, au bureau des vidangeurs.*

Au milieu de ce fatras scatologique, on relève un bon nombre d'anecdotes et de poésies sur le Pet dont plusieurs avaient déjà été publiées (selon le même procédé que pour le *Merdiana* de 1808) :

**« Un poète faisait des vers à côté d'une dame qui les lui avait demandés, il cherchait depuis longtemps une rime, et, en se grattant la tête, il fit un Pet...**

**« – Tenez, lui dit la dame, en lui ripostant sur le même ton, j'ai trouvé une rime!... »**

Autres exemples : **« Un plaisant vit un bossu et, en passant la main sur sa bosse, il lui dit : combien cette bosse de viole? » Le bossu, ayant fait un Pet, lui répondit : « Jugez par le son du prix de l'instrument! »**

**... « Dans une soirée d'hiver, un homme se chauffait debout devant la cheminée, causant avec plusieurs personnes des deux sexes qui se trouvaient là réunies. Dans le fort de la conversation, il laissa échapper un vent, provoqué, probablement, par la chaleur du feu : « – Mille pardons, dit-il aux dames, je suis de la nature du bois vert! Quand je brûle... je pète! »**

On lit également, dans ce *Merdiana*, l'histoire du maître qui **« faisant un Pet devant son domestique, lui dit pour plaisanter : « C'est un fuyard, cours vite après, il me le faut mort ou vif!... Le domestique, un peu embarrassé, finit par faire semblant d'aller à sa recherche et levant la cuisse devant son maître, il lâche,**

**à son tour, un gros Pet, en disant : « – Je l'ai trouvé, notre maître, et le voilà !... » On pense quelle fut la mine du maître qui n'osa pas se fâcher !... »**

Tous les genres sont représentés, il y a l'anecdocte paysanne et conjugale :

**« – Je ne sais pas comment vous faites pour avoir des pigeons si gras, disait un homme à son voisin...**
**– C'est que je ne les nourris que de vesses...**
**– Ça ne se peut pas, car depuis vingt-cinq ans que je suis marié, je lâche à ma femme plus d'un millier de vesses toutes les nuits, ce qui ne l'empêche point d'être maigre comme un coucou ! »**

Il y a aussi des plaisanteries plus historiques comme celle que l'on fit sur Pétion, second maire du Paris révolutionnaire :

**« On assure que Pétion, deuxième maire de Paris, avait fait une proclamation qui commençait ainsi : « Nous, Pétion, maire deux de la ville de Paris... » qui fut ainsi traduite par ses adversaires : « Nous pétions, merdeux de la ville de Paris... »** Pétion s'empressa, dit-on, d'en rédiger une autre...

Dans *Merdiana,* on découvre même une « lettre d'attrape du XVIIIe siècle, écrite du département du Bas-Rhin... ».

**« Mon cher ami,**
**Tu me demandes de mes nouvelles, je te dirai que tous les ennemis ont enfin évacué...**
**... Tu me dis que tu te portes mieux; qu'en**

**revenant d'Italie, l'air du Pô t'a fait grand bien; enfin, que tu es soulagé : j'en suis charmé. Si j'avais eu bon nez, je serais parti avec toi; j'avais alors de la facilité, et je serais allé tout comme un autre; au lieu qu'à présent, je ne suis plus libre. J'ai eu pourtant un instant d'espoir; car il m'est venu quelques vents, des préliminaires de paix, mais ils n'ont pas eu de suite. Cependant, pour avoir trop été dans le malheur, je n'ai pas oublié ce que je te dois. Et tu peux compter qu'à Paris, si je viens à percer, le peu que je ferai après mes nécessités sera pour toi. Je te prie de ne rien éventer de tout ceci. Je partirai vers le milieu de la courante; c'est-à-dire sur la fin de ventôse... »**

En 1845, on vit circuler cette fine plaisanterie intitulée *Le Rêve du péteur* :

**« J'aimerais bien être rentier**
**Pour être tout à fait à l'aise**
**Et pouvoir, le cul sur ma chaise**
**Péter gaiement le jour entier... »**

Pour terminer cette édifiante sélection, citons l'aventure de la demoiselle qui avait dégusté des navets :

**« Une jeune fille avait mangé à son dîner des navets... on sait que ce légume est venteux! En descendant un escalier, elle fit un Pet et dit " un navet!... "; elle fit un autre Pet, et dit encore " deux navets!... " et ainsi de suite jusqu'à sept ou huit... Elle n'avait pas encore fini son calcul qu'elle entendit un bruit derrière elle... Confuse, elle se retourne et demande avec précipitation :**

**– Monsieur, depuis combien de temps êtes-vous là ?**
**– Mademoiselle, j'y suis depuis le troisième navet !... »**

En dépit de sa vulgarité, *Merdiana* sera encore réédité en 1870.

## UN PET DE TRAVERS

Plus d'un siècle après sa fondation, la société des Francs-Péteurs n'était nullement oubliée et elle inspira à Julien Travers, en 1853, un poème de quatre chants, « historique, littéraire et philisophique » qui fut publié à Caen, chez E. Poisson.

Une note de l'éditeur prudent informe les lecteurs qu'il avait dû procéder à de nombreuses coupures **« à cause de la censure ! ».**

Il en reste quand même soixante-neuf pages dont on peut extraire, qui donnent le ton :

**Ô Francs-Péteurs de ma chère Neustrie**
**Prêchons l'exemple, assez de théorie !**
**Pétons souvent, librement !... après tout**
**Les ouvriers se connaissant à l'œuvre**
**Les matelas à l'habile manœuvre...**
**Prêtez l'oreille ! Écoutez mon chef-[d'œuvre :**
**Prout ! Prout ! Prout ! Prout ! (Bis)**

## ON NE PÈTE PAS À LA COUR DE NAPOLÉON III (mais Bovie chante le Pet féminin!)

Les aventures galantes de Napoléon III ont été célèbres, mais des chroniqueurs se sont plu à affirmer qu'il ne trouvait son plaisir qu'après beaucoup d'efforts et d'attouchements persévérants et qu'il fréquenta longtemps des garces de toutes catégories. Lorsqu'il prit pour maîtresse Marguerite Bellanger (à l'état civil: Julie Lebœuf, surnommée « Margot la Rigoleuse ») échotiers et caricaturistes se mirent à l'ouvrage et l'on fit même courir le bruit que cette fille, très vulgaire mais très amusante, séduisait l'empereur par **« des Pets tumultueux qu'elle faisait près de lui afin qu'il pût contempler ses belles fesses!... »**.

Il n'était pas question cependant de faire des Pets à la Cour, l'impératrice Eugénie, à cheval sur les principes, exigeant correction et bonne tenue. Officiellement, on ne chantait plus, on ne mettait plus en vers les doux Zéphyrs ni les joyeuses pétarades. Seul un chansonnier belge se permit, vers 1860, de lancer une chansonnette sur le Pet.

Félix Bovie a ainsi envisagé le Pet féminin sous un angle imprévu, celui de la *Physiologie du Pet chez la femme* :

**« A quinze ans, timide pucelle,**
**Bien souvent elle baisse la prunelle,**
**Devant le regard flamboyant**

Que lui lance son jeune amant.
L'amour, l'émotion, le reste,
La voix, la joie, le moindre geste

Font partir un tout petit Pet
Qui folâtre dans son duvet... *(bis)*

Comme une cavale superbe
Bondit sous l'étalon dans l'herbe,
Telle est la femme de trente ans.
Entre les bras de ses amants,
Mourante, haletante, éperdue,
Elle les enlève dans la nue,

Mais soudain un bruit discordant
La rejette du firmament! *(bis)*

A quarante ans, grasse et fleurie,
Elle braque une batterie
Qu'auraient appréciée Carnot
Victor, Klébert et Augerot *(sic)*
Se campant devant sa toilette
Et, sanglant sa taille replète

A chaque tour de son lacet
La foudre gronde en son corset! *(bis)*

Toi, bonne vieille, sur ta chaise,
Trémousse-toi, pète à ton aise!
Le bruit que fera ton rouet
Amortira ton faible Pet,
Pareil aux cloches de l'église
Dont les sons meurent dans la brise

Tel s'éteindra ce faible son
Dans les plis de ton grand jupon! *(bis)*

Félix Bovie n'a toutefois pas fait figurer cette *Physiologie du Pet féminin* dans le recueil de ses poèmes édité en 1864... On prétend qu'il l'a seulement glissée dans quelques exemplaires destinés à des amis...

## BALZAC ET LES HARICOTS

Sous le second Empire, Honoré de Balzac était une célébrité. L'auteur de *La Comédie Humaine*, incluant *La Peau de Chagrin*, *Le Lys dans la Vallée*, et quelques autres chefs-d'œuvre, était mort en 1850, six mois après avoir épousé la veuve Hanska, la comtesse polonaise. On parlait beaucoup de lui dans la presse et lorsque l'auteur dramatique, à la fois romancier et chroniqueur, Albéric Second, fonda, avec Villemessant, *Le Grand Journal*, une feuille d'un format inusité, en 1863, il se hâta d'y glisser une anecdote indiscrète sur les Pets du fameux romancier :

**« Balzac a fini de dîner, il a mangé plusieurs tranches saignantes de gigot aux haricots, son plat de prédilection... Devant lui, à côté d'un grand bol de café noir, les épreuves des premiers chapitres des *Parents Pauvres* qu'il corrige, rature et remanie. Tandis qu'il est absorbé par son travail, un petit groom de douze ans, que le caprice de son maître a baptisé " le Père Anchise ", trotte dans la salle à manger, chargé d'une pile d'assiettes.**

**... Tout à coup, un bruit se fait entendre, un effroyable bruit !... Voilà bien de tes perfidies,**

**gigot aux haricots ! A ce bruit inusité, le petit groom éprouve un saisissement tel que la pile d'assiettes s'échappe de ses mains, tombe sur le plancher et s'y brise !... Alors, Balzac, sans relever la tête, sans interrompre son travail : " Père Anchise, dit-il, sachez qu'un bon domestique ne doit jamais écouter ce que dit son maître... " »**

La scène se serait passée à Ville-d'Avray dans la propriété des Jardins, **« exposée à tous les vents ! »**.

***

Malgré la rigueur exigée par l'impératrice, le Pet continuait à faire rire.

L'*Eclipse,* hebdomadaire illustré humoristique, satirique joyeux, publiait, en 1866, une bonne histoire : *L'aventure du chasseur crépitant...*

**« C'était le soir de l'ouverture de la chasse, un monsieur qui avait battu l'estrade " à la déveine ", s'en retournait, penaud, en compagnie de plusieurs dames. Tout à coup, il se sent dans les basses régions un frémissement, précurseur de ces éruptions crépitantes qu'il serait malséant de désigner plus explicitement.**

**Que faire ? Pas moyen de se contenir, la chose fera du bruit assurément... et la société qui l'entoure ?... Heureusement, notre homme a une idée :**

**– Mesdames, s'écrie-t-il, il ne sera pas dit que je n'aurai rien tué de la journée !... J'aperçois un geai sur cet arbre, laissez-moi vous donner la preuve de mon adresse !... Il pen-**

**sait : “ Les deux explosions se confondront l’une dans l’autre ! ” On applaudit : le chasseur épaule son arme, ajuste l’oiseau dans les feuilles et fait feu de tous les côtés à la fois... et... le fusil ne part pas ! ! »**

***

## REVOILÀ LE DIABLE

L’abbé Jacques-Paul Migne, après avoir fondé plusieurs journaux, édita la *Bibliothèque Universelle du Clergé* et, dans son *Dictionnaire des Sciences Occultes*, publié en 1860, il s’intéressa, à son tour, au rôle du Pet dans la sorcellerie, reprenant quelques anecdotes d’autrefois.

Il cite un dicton très connu : « Qui pète en mangeant voit le Diable en mourant », et c’est là, selon cet ecclésiastique, « un axiome populaire à l’adresse des enfants dans les contrées où l’on mange beaucoup de choux et de navets... ».

## AU THÉATRE ÉROTIQUE

L’« Erotikon Théatron » fut inauguré, rue de la Santé, le 27 mai 1862. Un des grands succès portait le titre des *Jeux de l’Amour et du Bazar*, et il était signé Lemercier de Neuville. On y voit une certaine Sylvia, fille galante qui dirige un mauvais lieu, faire l’amour avec un certain Dorante.

En se reboutonnant la culotte, il lui demande :

– **Tu ne m'as donc pas entendu péter?**

Surprise, Sylvia lui répond :

– **C'est ta manière d'annoncer ta joie aux femmes?...**

– **Eh oui**, réplique Dorante, **c'est ainsi toutes les fois que « j'arrache mon pavé » avec une demoiselle...**

Et le public riait à cette fine plaisanterie.

Au début de l'année suivante, on représenta une pièce d'Albert Glatigny, poète.

La troisième scène se déroule dans un lupanar où M. Pignouflard, qui doit se marier bientôt, est venu, dit-il, **« répéter son rôle »**. Alors que Lucinde, prête à tout, lui déclare son amour... M. Pignouflard lui dit : **« Adieu, je pars...! »**

Égarée, Lucinde s'écrie :

– **Tu pars?...**

Alors Pignouflard, avec dignité, répond :

– **A la façon d'un Pet!**

Et la fille, mécontente, proteste :

– **Sans me donner mes « gants », quel toupet!**

(Les *gants* désignaient le pourboire que les clients donnaient aux filles de joie.)

## GEORGE SAND LES ADORAIT

Les Goncourt, le 14 septembre 1863, notaient ce qu'ils avaient entendu et vu au cours d'un des fameux « Dîners Magny ».

Théophile Gautier, qui revenait de Nohant, chez madame George Sand, raconta les passe-temps préférés de son hôtesse : **« Après le déjeuner, dans le jardin, on joue au cochonnet... ça la ranime... Elle s'assied et se met à causer... le grand plaisir de causerie de la société, ce sont les plaisanteries stercoraires...**

**– Bah !...**

**– Oui, la merde, les pets, c'est le fond de la gaieté. Marchal** (Charles Marchal – 1825-1877 – peintre d'histoire) **a beaucoup de succès avec ses vents... »**

Selon les mauvaises langues, les Pets de la romancière ne dérangeaient nullement Alfred de Musset.

## LES RIMES ALPHABÉTIQUES

En 1867, *Les Rimes Alphabétiques* amusèrent tout Paris, c'étaient des vers tendres terminés par les lettres de l'alphabet :

Devant le succès de cette aimable facétie, des humoristes lancèrent des variantes plus libertines ou plus grossières.

L'une d'elles comporte les réprimandes d'un amant ennemi du Pet :

**« Tu sais combien je t' ......... M**
**Mais que la rage m'entr ........ N,**
**Que je devienne Othell ......... O**
**Sitôt que tu fais un ............ P...**
**La liberté d'un beau............ Q**

**Doit se donner au grand ....... R...**
**Je voudrais, chère maîtr........ S,**
**Que tu renonces à pé .......... T... »**

## PREMIÈRE TRADUCTION EN FRANÇAIS DU DISCOURS SUR LE PET PRONONCÉ, EN LATIN, À LA FIN DU XVIIe SIÈCLE PAR LE PRÊTRE ESPAGNOL MARTI

En 1873, paraissait la première traduction française de *L'Oratio pro crepitu ventris habita ad patres crepitantes* éditée avec le texte latin, par Léon Willem, libraire à Paris, 7, rue Perronet. Cet ouvrage, tiré seulement à huit cents exemplaires, portait le titre suivant : « *Discours sur la Musique Zéphyrienne, adressé aux vénérables Crépitophiles, ouvrage facétueux d'Emmanuel Marti, doyen de l'église d'Alone.*

Texte original accompagné de la première traduction et illustré d'historiettes crépitantes, par un professeur de basson. »

Un sonnet composé par le traducteur précédait le texte de Marti :

**« Ami lecteur, cet opuscule**
**Est un caprice d'érudit,**
**Prends-le si quelque clou maudit**
**Dans ta cervelle s'inocule...**
**Le thème touche au ridicule**
**Qu'importe !... S'il ragaillardit !**

**C'est le zéphyr qui s'esbaudit...**
**Sortant du double monticule...**
**Ris-en tout ton soûl, que crains-tu?**
**Un prélat, confit en vertu,**
**Ne l'a pas trouvé trop vulgaire**
**Laissons là tous les vains respects**
**Qui lui font une injuste guerre**
**Je t'offre un beau traité... de paix! »**

Signé : **Le Traducteur**

Ce curieux éloge du Pet avait été prononcé, vers 1698, par le très savant linguiste Emmanuel Marti, doyen de l'église d'Alone, né en 1663 dans le royaume de Valence et mort en 1737. Antiquaire, poète, historien, Emmanuel Marti, d'une étonnante précocité, commença à écrire, à dix ans, de remarquables vers latins et, à vingt-deux ans, il écrivait et parlait aussi bien l'italien que le grec et l'espagnol.

Son fameux discours : *Oratio pro crepitu ventris habita ad patres crepitantes*, véritable éloge et défense du Pet, lui fut demandé par un haut personnage, Alexandre Ouidi, le réformateur de la poésie lyrique en Italie (1650-1712), protégé du duc de Parme et de la reine Christine de Suède.

Cet hôte prestigieux du palais Farnèse conviait chaque semaine les hommes les plus érudits de son temps à des soirées d'exercices littéraires et historiques. Au cours de l'une de ces dites assemblées, Emmanuel Marti se vit proposer de rédiger un éloge de la « Musique Zéphyrienne ».

Son travail terminé, Emmanuel Marti vint lire son discours en latin devant ceux qu'il appela « Patres crepitantes... », ce qui fut traduit, en 1883, par Pères Crépitants, Pères Bombardiers,

Pères Éoliens, Pères Bassonistes, Pères Foudripétants ou encore Pères Crépitophiles...

Son *Éloge du Pet* remporta un tel succès que le cardinal Jean Saens d'Aguirre, professeur de théologie à Salamanque et secrétaire du Saint-Office, fit demander à Marti de venir lui en donner lecture et il admira, lui aussi, son esprit, son érudition et la facilité de son élocution.

Demeurée manuscrite, cette œuvre remarquable fut seulement publiée, en latin, trente et un ans après la mort de son auteur.

Dès les premières lignes de son *Oratio*, Emmanuel Marti prenait la défense du *Crepitus* :

**« Oui, le Zéphyr, exilé de Rome et fugitif, exclu avec mépris des mœurs et des habitudes de la société, voilà ce qui fait mon désespoir ! Et, à l'époque où nous sommes, vénérables " Crépitophiles ", en ce temps où, suivant l'usage, nous célébrons le jeûne quadragésimal, cet excès de rigueur me paraît encore plus pénible et plus nuisible à la santé de la République !...**

**Quoi de plus acerbe, en effet, de plus déplorable, de plus affligeant... que de voir banni, chassé, proscrit de la ville et des réunions honnêtes, lui, délice du peuple, conservateur de la liberté sociale et j'ai honte de le dire, mais je le dirai : l'Autel du Salut !... »**

Marti demanda même à ses auditeurs de **« défendre cet innocent et de le réhabiliter ! ».**

Il rappela à ses auditeurs, charmés, que s'ils conservaient, en leur siècle **« bourreau du Pet »**, l'opinion qu'il fallait le retenir dans un exil perpétuel, ils seraient contraints de chasser également les nuées de tout l'univers « **puisque le *Strépsiade* d'Aristophane avait avancé qu'elles pétaient continuellement!...** »

Et ce savant religieux, après une collection de citations en grec et en latin, déclara : **« Le Pet, c'est le charme de la République, c'est le Salut du Peuple, c'est le plus ferme soutien de la vie humaine ! »**

Il raconta également l'aventure d'un précurseur de M. Pujol, le Pétomane célèbre du Moulin-Rouge :

**« J'ai connu, dit-il, un homme au front d'écrivain dont l'anus imitait si bien les sons musicaux qu'il faisait des invitations pour ses concerts dignes des Muses et... empochait ainsi l'argent des curieux! »**

Il cita encore le cas d'un tabellion d'Amsterdam qui, chaque semaine, se rendait à Anvers et, entre ces deux villes, donnait quelques concerts de Pets...

**« Ceux qui l'ont connu rapportent qu'il était si habile à jouer du basson... qu'au moindre signe, et sans aucune honte, il émettait un Zéphyr... »**

La brochure, éditée en 1873, passionna les curieux et elle est aujourd'hui très rare et très recherchée.

## FLAUBERT RESSUSCITE CRÉPITUS

Gustave Flaubert (1821-1880), s'étant intéressé à l'histoire du Pet, fit parler le fameux Crépitus dans son drame *La Tentation de Saint-*

*Antoine*, publié en 1874. Il a imaginé une sorte de ronde hallucinatoire de divinités dansant autour de l'anachorète et parmi elles Crépitus, le Dieu des Pets, qui n'est pas le dernier... à se faire entendre :

**« Moi aussi l'on m'honora jadis. On me faisait des libations. Je fus un Dieu !**

**L'Athénien me saluait comme un présage de fortune, tandis que le Romain dévot me maudissait les poings levés et que le pontife d'Égypte, s'abstenant de fèves, tremblait à ma voix et pâlissait à mon odeur.**

**Quand le vinaigre militaire coulait sur les barbes non rasées, qu'on se régalait de glands, de pois et d'oignons crus et que le bouc en morceaux cuisait dans le beurre rance des pasteurs, sans souci du voisin, personne alors ne se gênait. Les nourritures solides faisaient les digestions retentissantes. Au soleil de la campagne, les hommes se soulageaient avec lenteur.**

**Ainsi, je passais sans scandale, comme les autres besoins de la vie, comme Mena tourment des vierges, et la douce Rumina qui protège le sein de la nourrice, gonflé de veines bleuâtres. J'étais joyeux. Je faisais rire ! Et se dilatant d'aise à cause de moi, le convive exhalait toute sa gaieté par les ouvertures de son corps.**

**J'ai eu mes jours d'orgueil. Le bon Aristophane me promena sur la scène, et l'empereur Claudius Drusus me fit asseoir à sa table. Dans les laticlaves des patriciens j'ai circulé majestueusement ! Les vases d'or, comme des tympanons, résonnaient sous moi ; – et quand plein de murènes, de truffes et de pâtés,**

**l'intestin du maître se dégageait avec fracas, l'univers attentif apprenait que César avait dîné !**

**Mais à présent, je suis confiné dans la populace, – et l'on se récrie, même à mon nom ! »**

Et Crépitus s'éloigne, en poussant un gémissement.

Puis un coup de tonnerre.

***

Sous la présidence de Mac-Mahon, on recommença à parler plus ouvertement du Pet... En 1878, un journal satirique, *La Petite Lune*, publia quelques historiettes sur ce vent qui faisait toujours rire le grand public.

Dans le numéro 6, on lisait une plaisanterie à propos de la musique très applaudie d'un compositeur au nom prédestiné : Monsieur L. Déffès :

**« Lundi dernier, aux « Folies-Bergères », les orphéonistes, leur concert terminé, ont fait une ovation au musicien L. Déffès, ovation légitime et bien placée...**

**... La musique Déffès est une musique simple, naturelle et à la portée de tout le monde... »**

(Cet écho était signé M. du Poulailler.)

On lit dans le numéro 9 de ce même journal une autre plaisanterie du même acabit qui porte le titre de : « L'art de se conduire dans la société des pauvres bougres » : **« Si l'honnête prolétaire lâche un vent, ne prenez pas un air étonné en le regardant : c'est son droit, il est**

**chez lui! Mieux vaut, si vous êtes musicien, noter la modulation pour l'exécuter au piano en rentrant chez vous! »**

**Signé : Duchesse de Rotenville**

Enfin, dans son numéro 49, *La Petite Lune* semble bien n'avoir pas oublié « l'esprit » d'autrefois : **« Le comble de la présence d'esprit : Péter dans un salon, se pencher vers une dame, et lui souffler de façon à être entendu de tous : – Dites que c'est moi!... »**

## ON PÈTE À LA COUR DE LA REINE ÉLISABETH EN 1601 MAIS L'ÉCHO N'EN PARVINT QU'EN 1880

Mark Twain, le célèbre humoriste américain, auteur des *Aventures de Tom Sawyer*, qui s'appelait en réalité Samuel Clemens, est né en 1835 à Florida, Missouri.

Il prit le pseudonyme de Mark Twain le 3 février 1863.

En 1875, la publication de ses *Aventures de Tom Sawyer* ne tarda pas à faire de lui un écrivain connu et prospère... Agé de quarante et un ans, il se mit à écrire des contes humoristiques que sa famille jugea très choquants...

Il écrivit ainsi une histoire dialoguée de Pets mais il eut de grandes difficultés à trouver un éditeur pour ce sketch historique mettant en scène des personnages de la dynastie des Tudor.

Il l'avait d'abord intitulé : *Une conversation au coin du feu au temps de la Reine Elisabeth*, et le trouvant un peu long, il l'appela *1601*. En précisant qu'il ne faisait que relater là le langage très cru des Tudor...

Plusieurs éditeurs refusèrent le manuscrit et ce fut seulement en juin 1880 que *1601* fut imprimé... et tiré à cinquante exemplaires!... sans signature, avec, en filigrane, sur la reliure, une simple mention : « Academy Press. »

En 1901, à Cincinatti, un certain William C. Smith en fit une seconde édition, plus importante : cent vingt exemplaires! encore sans signature. En 1903, un peintre de Chicago décida d'illustrer ce sketch tendancieux qu'il fit imprimer, à ses frais, pour l'offrir à ses meilleurs clients.

Toutes ces éditions presque clandestines ne portaient aucune signature et il y en eut beaucoup d'autres. Mark Twain avoua en être l'auteur en 1906. A Londres, en 1935, fut publiée une quarante-cinquième édition dont les exemplaires, réservés aux souscripteurs, ne furent pas mis en librairie. Une autre parut enfin, à Londres, en 1936, tirée à neuf cent cinquante exemplaires!

Truman Capote a affirmé qu'il s'agissait **« d'un chef-d'œuvre impérissable ».** La première traduction française de Béatrice Vierne, préfacée par Alexandrian, a été éditée fin 1989, chez Arléa. Menteur et espiègle, Mark Twain a prétendu avoir puisé le récit qui va suivre dans le journal de l'échanson de la reine Elisabeth Ire.

**« Hier au soir, prit fantaisie à Sa Majesté la Reine comme il lui en vient parfois, et fit mander en son cabinet d'aucuns poëtastres, écrivaceaux et autres gens de même espèce,**

**lesquels étaient le Sieur Bacon, sa seigneurie Sir Walter Ralegh, Monsieur Ben Jonson, et le très jeune français Beaumonte... vint aussi avec eux le renommé Shaxpur** [pour Shakespeare]... »

Mark Twain a également placé auprès de ces invités mâles quelques dames de qualité :

La duchesse de Bilgewater, âgée de vingt-deux ans; la comtesse de Granby, vingt-six ans; sa fille, la demoiselle Hélène, quinze ans; et aussi deux demoiselles d'honneur: Lady Margery Boothy, soixante-cinq ans, et Lady Alice Dilberry, ayant passé les soixante-dix ans, puisqu'elle était de deux ans l'aînée de Sa Majesté.

Après cette énumération, ce farceur de Twain a décrit l'événement capital :

**« ... Or il arriva, dans l'ardeur de la conversation, qu'un des présents lascha un vent, accompagné d'une puanteur incroyablement forte et incommodante, à quoi tous se prirent à rire à gorge déployée, puis...**

**La Reine : – Vrayment, je n'ai, de mes soixante et huit années de vie, ouï l'égal de ce Pet. Me semble, si j'en dois juger par son grand bruit et vacarme, qu'il étoit mâle; toutefois, la panse derrière laquelle il se trouvoit tapi se devroit désormais aller coller, mince et raplatie, contre les flancs de ce qui s'est ainsi soulagé d'une charge pareillement majestueuse et vaste, au lieu que les ventres de ceux qui portent en bas pourfendeurs de toupet se montrent icy toujours aussi vaillants dans leur rondeur. Que l'auteur, je vous prie, reconnoisse son enfant. La dame Alice souhaite-t-elle témoigner?**

Lady Alice : – Votre Grâce, eussé-je eu au-dedans de mes antiques boyaux de quoi loger pareil coup de tonnerre, sauroit-on à raison concevoir que je puisse faire entendre si rude déflagration et lui survivre ensuite, afin de rendre grâces à Dieu d'avoir choisi si humble servante pour faire la preuve de sa puissance. Non, ce n'est point moi qui ai donné naissance à ce riche et oppressant brouillard, à ces ténèbres odorantes, aussi vous prié-je d'aller quérir ailleurs.

La Reine : – Se pourroit-il que la dame Margery ait fait cette faveur à notre compagnie ?

Lady Margery : – Ne vous déplaise, Madame, mes membres sont affaiblis par le poids et dessèchement de soixante et cinq hivers et il me sied de les traiter avecque ménagements. S'il avoit plu à Dieu, dans sa providence, ce que fût moi qui eusse hébergé cette merveille, j'aurois assurément passé tout le soir de ma vie déclinante à la laisser tout doucettement échapper, l'âme toujours tremblante et inquiète, au lieu de la faire jaillir si soudainement, dans sa puissance incomparable, de peur de prendre ma propre vie par sa violence et déchirer ma chétive carcasse comme hardes pourries. Point ne fut de mon fait, Votre Majesté.

La Reine : – Au nom de Dieu, qui donc que nous a régalés ? Faudra-t-il croire qu'un Pet en est venu à se péter tout seul ? Non, pas un tel que fut le nostre, j'en jurerois. Jeune messire Beaumonte... mais non ! Il se fût aussi tost envolé jusques aux cieux, comme duvet d'oie. Ne fut point non plus notre petite demoiselle Hélène. Non, ne rougis point, mon enfant, car devras chatouiller ton tendre pucelage avec force menus cris de souris, avant que d'apprendre à faire souffler un ouragan pareil à cestui-là, ne fut-ce point vous, mon docte et ingénieux Jonson?

Jonson : – Jamais encore si féroce explosion n'avoit salué mon oreille, non plus qu'une puanteur aussi universelle et immortelle caressé mes narines. Ce ne fut point là le fait d'un novice, bonne Majesté, mais bien qu'un vétéran chevronné – l'auteur eût autrement manqué de confiance. Pour vous dire vrai, ce ne fut point moi.

La Reine : – Monseigneur Bacon?

Bacon : – Ce n'est point de mes maigres entrailles qu'a surgi ce prodige, n'en déplaise à Votre Grâce. Rien ne sied mieux aux grands qu'un grand exploit et il se pourroit que Votre Majesté découvre que ce n'est point de médiocre fondement qu'émana ce miracle.

(Encore que le sujet ne soit qu'un Pet, cet ennuyeux puits de science n'en philosophera pas moins volontiers. Entre-temps, le nauséabond et mortel fumet s'étoit répandu en tous lieux, à tel point que jamais n'en sentis le pareil, mais n'osai cependant me retirer de devant la royale présence, quoique me sentisse près de suffoquer.)

La Reine : – Que dit notre honorable messire Shaxpur?

Shaxpur : – Comme je me tiens icy dans la main immense de Dieu, je proteste de mon innocence. Les célestes cohortes des anges immaculés eussent-elles annoncé la venue de ce souffle dévastateur, le proclamant œuvre de l'homme privé d'inspiration – ses tonnerres trépidants, sa pourriture qui crotte le firmament étans tous deux la marque de ce que l'homme sçait accomplir selon le cours de sa nature, point ne l'aurois cru; et aurois juré, tout au contraire, que l'abîme infernal avoit vomi cette puanteur et l'artillerie des cieux secoué le globe dans son admiration.

(Y eut alors un silence et les yeux de tous les présents se tournèrent vers l'honorable Sir Walter Ralegh, ce fanfaron basané, batailleur et sanglant, lequel, se levant, sourit et dit d'un air gracieux) :

Sir Walter : – Très illustre Majesté, c'est moi qui en fus l'auteur, mais ce fut en vérité un son si malingre et si frêle, en comparaison de ceux que j'ai coutume de faire ouïr, que j'en eus, je le confesse, grande vergogne de reconnoître cet avorton pour mien en si auguste présence. Ce n'étoit rien, Madame – moins que rien – et ne le fis que pour m'éclaircir la gorge d'en-bas; m'y fussé-je préparé, j'aurois alors fourni un Pet digne de ce nom. Qu'il plaise doncques à Votre Grâce de me prendre en pitié, jusques à tant que je puisse réparer ma faute.

Et de laisser fuser à ces mots une explosion à fendre les pierres, si impie que tous se durent boucher les oreilles, laquelle fut suivie de relents si denses et fétides que ceux que l'on avoit subis auparavant parurent tout aussi tost médiocres et insignifiants. Et s'écria alors, feignant que de rougir et d'être confus : Je vois bien que je suis aujourd'huy dans un jour de foiblesse et ne puis rendre justice à mes capacités; et se rassit, comme pour dire, Voici, ce n'est pas grand-chose,

**mais que celui qui a un cul à perdre en produise le jumeau, s'il le croit pouvoir faire... »**

Le récit de ces Pets lâchés par les invités de la reine Elisabeth provoqua de nombreuses réactions contre Mark Twain, que l'on traita de grossier personnage, d'écrivain scatologique, etc.

***

L'écrivain français Armand Silvestre (1837-1901), très célèbre à la fin du XIXe siècle, fut lui aussi critiqué pour avoir osé écrire des contes sur le Pet.

Ce poète parnassien, oublié depuis longtemps, publia des contes scatologiques dans le *Gil Blas*, dès 1879. Ces contes furent réunis en 1881, dans un recueil intitulé *Les Farces de mon ami Jacques.* Leurs titres amusaient les nombreux lecteurs de ce journal : *Les Malheurs du Commandant Laripéte...* ou *Le Filleul du docteur Troussecadet...*

Très offensé, Edmond de Goncourt écrivait dans son *Journal*, en mai 1886, une violente protestation contre les honneurs et les louanges dont on couvrait cet auteur :

**« Je ne connais pas, depuis que la littérature existe, un homme qui ait fait un métier plus bas, plus abject, plus déshonorant que Silvestre avec sa littérature exclusivement consacrée à la merde et aux Pets... »**

Il alla même plus loin en le traitant de **« Prosateur du trou du cul ! »**

***

Les critiques de ce sujet n'empêchèrent pas, en 1883, le gros succès de la réédition de *L'Art de Péter*. Très appréciée, elle portait une nouvelle appellation : *Pétériana ou l'Art de Péter, Vesser et Roter,* **« à l'usage des personnes constipées, graves, mélancoliques et tristes, ouvrage curieux dans lequel on explique les moyens de les dissimuler, de les provoquer, les soixante-deux sons divers qu'ils font entendre, formant un concert singulier, ainsi que les moyens de reconnaître, au goût et à l'odorat si ce sont des Pets de province, de ménage, de maître-d'armes, demoiselles, femmes mariées, bourgeoises, paysannes, bergères, vieilles femmes, boulangers, tailleurs, géographes, cocus, etc., le tout rédigé par un merdeux... au pays des bonnes odeurs, pète-en-l'air, libraire-éditeur... MDCCCXXXIII... ».**

L'auteur de *Pétériana* a évoqué un charmant souvenir personnel : **« J'ai connu une dame qui, se couvrant l'anus avec sa chemise, s'approchait d'une chandelle récemment éteinte, et, pétant et vessant lentement et par gravation, la rallumait avec la dernière adresse, mais une autre, qui la voulut imiter, ne réussit point et réduisit la mèche en une poudre ardente qui se dissipa bientôt dans l'air, et se brûla le derrière... »**

## ZOLA FAIT PÉTER UN CERTAIN JÉSUS-CHRIST

Émile Zola (né à Paris en 1840, mort à Paris en 1902), chef de file de l'école naturaliste, a écrit *La Terre* [1] (**Ces Géorgiques de la crapule,** a dit Anatole France, pour en souligner la grandeur poétique). Dans ce roman, il mélange l'obscénité et la scatologie qui sont autant de couleurs diaprées d'une fresque dantesque de la vie campagnarde sous le second Empire.

L'un des plus turbulents personnages du roman, surnommé Jésus-Christ, ivrogne et braconnier, est un prodigieux pétomane :

**« Jésus-Christ était très venteux, de continuels vents soufflaient dans la maison et la tenaient en joie. Non, fichtre ! on ne s'embêtait pas chez le bougre, car il n'en lâchait pas un sans l'accompagner d'une farce. Il répudiait ces bruits timides, étouffés entre deux cuirs, fusant avec une inquiétude gauche ; il n'avait jamais que des détonations franches, d'une solidité et d'une ampleur de coups de canon ; et, chaque fois, la cuisse levée, dans un mouvement d'aisance et de crânerie, il appelait sa fille, d'une voix pressante de commandement, l'air sévère.**

**– La Trouille, vite ici, nom de Dieu !**

**Elle accourait, le coup partait, faisait balle dans le vide, si vibrant, qu'elle en sautait.**

1. *La Terre* a paru en feuilleton dans le *Gil Blas* du 29 mai au 16 septembre 1887.

– Cours après! et passe-le entre tes dents, voir s'il y a des nœuds!

D'autrefois, quand elle arrivait, il lui donnait sa main.

– Tire donc, chiffon! faut que ça craque!

Et, dès que l'explosion s'était produite, avec le tumulte et le bouillonnement d'une mine trop bourrée :

– Ah! c'est dur, merci tout de même!

Ou encore il mettait en joue un fusil imaginaire, visait longuement; puis, l'arme déchargée :

– Va chercher, apporte, feignante!

La Trouille suffoquait, tombait sur son derrière, tant elle riait. C'était une gaieté toujours renouvelée et grandissante; elle avait beau connaître le jeu, s'attendre au tonnerre final, il l'emportait quand même dans le comique vivace de sa turbulence. Oh! ce père, était-il assez rigolo! Tantôt il parlait d'un locataire qui ne payait pas son terme et qu'il flanquait dehors; tantôt il se retournait avec surprise, saluait gravement, comme si la table avait dit bonjour; tantôt il en avait tout un bouquet, pour M. le curé, pour M. le maire, et pour les dames. On aurait cru que le gaillard tirait de son ventre ce qu'il voulait, une vraie boîte à musique; si bien qu'au Bon Laboureur, à Cloyes, on pariait : “ Je te paie un verre, si tu en fais six ”, et il en faisait six, il gagnait à tous coups. Ça tournait à de la gloire, la Trouille en était fière, amusée, se tordant d'avance, dès qu'il levait la cuisse, en admiration continuelle devant lui, dans la terreur et la tendresse qu'il lui inspirait.

Et, le soir de l'installation du père Fouan au

Château, ainsi qu'on nommait l'ancienne cave où se terrait le braconnier, dès le premier repas que la fille servit à son père et à son grand-père, debout derrière eux en servante respectueuse, la gaieté sonna ainsi, très haut. Le vieux avait donné cent sous, une bonne odeur se répandait, des haricots rouges et du veau aux oignons, que la petite cuisinait à s'en lécher les doigts. Comme elle apportait les haricots elle faillit casser le plat, en se pâmant. Jésus-Christ, avant de s'asseoir, en lâchait trois, réguliers et claquant sec.

– Le canon de la fête!... C'est pour dire que ça commence!

Puis, se recueillant, il en fit un quatrième, solitaire, énorme et injurieux.

– Pour ces rosses de Buteau! qu'ils se bouchent la gueule avec!

Du coup, Fouan, sombre depuis son arrivée, ricana. Il approuva d'un branle de la tête. Ça le mettait à l'aise, on le citait comme un farceur, lui aussi, en son temps; et, dans sa maison, les enfants avaient grandi, tranquilles au milieu du bombardement paternel. Il posa les coudes sur la table, il se laissa envahir d'un bien-être, en face de ce grand diable de Jésus-Christ, qui le contemplait, les yeux humides, de son air de canaille, bon enfant (...).

La Trouille servait le veau aux oignons. Il y eut un silence, et Jésus-Christ, pour ne pas laisser tomber la conversation, en lança un prolongé, qui traversa la paille de sa chaise avec la modulation chantante d'un cri humain. Tout de suite, il s'était tourné vers sa fille, sérieux et interrogateur :

– Qu'est-ce que tu dis?

Elle ne disait rien, elle dut s'asseoir, en se tenant le ventre. Mais ce qui l'acheva, ce fut, après le veau et le fromage, l'expansion dernière du père et du fils, qui s'étaient mis à fumer et à vider le litre d'eau-de-vie, posé sur la table. Ils ne parlaient plus, la bouche empâtée, très soûls.

Lentement, Jésus-Christ leva une fesse, tonna, puis regarda la porte, en criant :

– Entrez!

Alors Fouan, provoqué, fâché à la longue de ne pas en être, retrouva sa jeunesse, la fesse haute, tonnant à son tour, répondant :

– Me v'là!

Tous les deux se tapèrent dans les mains, nez à nez, bavant et rigolant. Elle était bonne. Et c'en fut de trop pour la Trouille, qui avait glissé par terre, agitée d'un rire frénétique, au point que, dans les secousses, elle aussi en laissa échapper un, mais léger, fin et musical, comme un son de fifre, à côté des notes d'orgue des deux hommes.

Indigné, répugné, Jésus-Christ s'était levé, le bras tendu dans un geste d'autorité tragique.

– Hors d'ici, cochonne!... Hors d'ici, puanteur!... Nom de Dieu! je vas t'apprendre à respecter ton père et ton grand-père!

Jamais il ne lui avait toléré cette familiarité. Fallait avoir l'âge. Et il chassait l'air de la main, en affectant d'être asphyxié par ce petit souffle de flûte : les siens, disait-il, ne sentaient que la poudre. Puis, comme la coupable, très rouge, bouleversée de son oubli, niait et se débattait pour ne pas sortir, il la jeta dehors d'une poussée.

**– Bougre de grande sale, secoue tes jupes!... Tu ne rentreras que dans une heure, lorsque tu auras pris l'air. »**

Plus loin, Jésus-Christ, qui se fait verbaliser par le garde champêtre, l'entraîne chez lui pour une immense beuverie. Avisant le procès-verbal que le garde n'avait eu le temps de terminer, pris qu'il avait été dans le tourbillon des rasades et perdu par un civet de lièvre, Jésus-Christ bégaya :

**« – Ah! c'est vrai, faut le finir! (...)**
**Il regardait le papier, méditait une farce, quelque chose où il mettait tout son mépris de l'écriture et de la loi. Brusquement, il leva la cuisse, glissa le papier, bien en face, en lâcha un dessus, épais et lourd, un de ceux dont il disait que le mortier était au bout.**
**– Le v'là signé! »**

Le même farceur, tragique aussi, qui reçut la visite de Vimeux, huissier instrumentant, le menaça de son fusil :

**« – Attention! Je tire!**
**Jésus-Christ venait d'épauler. Seulement il se contenta de lever la cuisse, et, pan! il en fit claquer un, d'une telle sonorité, que, terrifié par la détonation, Vimeux s'étala de nouveau. Cette fois, son chapeau noir avait roulé parmi les cailloux. Il le suivit, le ramassa, courut plus fort. Derrière lui, les coups de feu continuaient, pan! pan! sans un arrêt, une vraie fusillade, au milieu de grands rires, qui achevaient de le rendre imbécile. Lancé sur la**

**pente ainsi qu'un insecte sauteur, il était à cent pas déjà, que les échos du vallon répétaient encore la canonnade de Jésus-Christ. Toute la campagne en était pleine, et il y en eut un dernier, formidable, lorsque l'huissier, rapetissé à la taille d'une fourmi, là-bas, disparut dans Rognes. La Trouille, accourue au bruit, se tenait le ventre, par terre, en gloussant comme une poule. Le père Fouan avait retiré sa pipe de la bouche, afin de rire plus à l'aise. Ah! ce nom de Dieu de Jésus-Christ! Quel pas grand-chose! mais bien rigolo tout de même! (...)**

**Il médita :**

**– Tiens! Veux-tu savoir? Tout ça ne vaut pas un pet.**

**Et levant la cuisse, au-dessus de la vallée noyée d'ombre, il en fit un, dédaigneux et puissant, comme pour en écraser la terre. »**

Le roman s'achève sur une ultime pétarade, quand la propriété de la Borderie s'en va en fumée et que Jean (Rougon-Macquart) et Jésus-Christ se retrouvent seuls face à l'incendie : **« Ce dernier, dédaigneux du spectacle, se contentait de suivre l'incendie de loin. Planté entre deux tombes, il se tenait immobile, ses regards se noyaient d'un rêve, sa face entière de crucifié soûlard exprimait la mélancolie finale de toute philosophie. Peut-être songeait-il que l'existence s'en va en fumée. Et, comme les idées graves l'excitaient toujours beaucoup, il finit par lever la cuisse, inconsciemment, dans le vague de sa rêverie. Il en fit un, il en fit deux, il en fit trois.**

**– Nom de Dieu! dit Bécu, très soûl, qui traversait le cimetière, pour se rendre au feu.**

**Un quatrième, comme il passait, l'effleura de si près, qu'il crut en sentir le tonnerre sur sa joue. Alors, en s'éloignant, il cria au camarade :**

**– Si ce vent-là continue, il va tomber de la merde.**

**Jésus-Christ, d'une poussée, se tâta.**

**– Tiens ! tout de même... J'ai faim de chier.**

**Et, les jambes lourdes, écartées, il se hâta, il disparut à l'angle du mur. »**

***

Une autre gloire littéraire de ce temps-là, Alphonse Daudet, n'a pas eu peur de parler de Pets.

Dans le fameux *Journal* qu'il avait commencé sous le second Empire, avec son frère Jules, Edmond de Goncourt a systématiquement noté les indiscrétions et les confidences qu'imprudemment lui faisaient ses amis. Le 10 juillet 1887, c'était le tour d'Alphonse Daudet :

**« Daudet, parlant de son horreur de l'hypocrisie, me contait que, dans les temps passés, il s'était trouvé à un dîner chez Brébant, où Alice Ozy s'était révoltée de la liberté de ses histoires. Sur ce, il avait quitté le Cabinet et, quelque temps après, Bataille était sorti à sa recherche, et, le trouvant dans le corridor et lui demandant ce qu'il faisait : " Je pète ! Je pète ! " C'était sa protestation contre les pudibonderies de cette " rosse " !... »**

L'année suivante, le 17 février 1888, Goncourt recueillait, encore à propos de Pet, un mot de Clemenceau :

**« Au cours d'un dîner offert à Rodin, je me trouve à côté de Clemenceau qui raconte des choses assez curieuses sur les paysans de sa province... A un départ d'un endroit quelconque, au moment où les chevaux de son break allaient prendre le galop, il nous peint une énorme femme, appuyée sur la croupe des chevaux et lui jetant : " – Ah ! monsieur ! Je suis battue des vents ! " Pendant que le député radical, enlevant ses chevaux d'un coup de fouet, lui crie : " Eh bien ! ma bonne femme... il faut péter !... »**

## BRUANT PÈTE DANS LA RUE

Aristide Bruant, chansonnier montmartrois, né à Courtenay en 1851, mort à Paris en 1929, fut l'auteur et l'interprète de chansons réalistes.

Il sut extraire un humour poétique, nostalgique et tendre de la vie parisienne des voyous, des filles, et des petites gens, comme un orpailleur qui tire de l'or des ruisseaux.

En 1890, il chantait ainsi *Le Philosophe* :

**« ... De quoi donc... On dirait d'un merle,**
**Ej'viens d'entendre un coup d'sifflet !...**
**Mais non, c'est moi que j'lâche eun' perle,**
**Sortez donc, Monsieur, s'i vous plaît...**
**Ah ! mince, on prend des airs de flûte,**
**On s'régal' d'un p'tit quant-à-soi...**
**Va, mon vieux, pèt' dans ta culbute,**
**T'es dans la ru', va, t'es chez toi. »**

Dans un brûlot, *Les Souloloques d'Honoré*, Aristide Bruant, qui avait de la suite dans les idées, quelques années plus tard, chansonnait Honoré Constant, député de la Seine, qui venait d'être rappelé à l'ordre et aux convenances par un ministre, pour avoir pété à la Chambre! Ces couplets sont intitulés :

**« Moi faut que j'pète! »**

**« J'ai pété... ben! oui... j'ai pété!**
**On a chacun ses aptitudes.**
**C'est pas parc'que j'suis député**
**Que j'vas changer mes habitudes.**
**Y'en a qu'ont la voix de stentor,**
**Y'en a qu'ont la gueul' de trompette.**
**Y'en a qu'ont la gueul' de ténor.**
**Moi, faut que j'pète!**

**Et comme j'pétais sur mon banc,**
**Juste v'là qu'y passe l'ministre.**
**Il m'dit : " Mossieu l'Pet n'est pas franc,**
**Vous êt's un saligaud... un cuistre. "**
**Ah! non, que j'réponds, ferme-la**
**Ta gueul' bébé! sans ça j'rouspète :**
**" D'abord ça n'sent pas l'Panama**
**Moi, quand ej'pète! "**

**Quoi... faut louffer dans vot'bazar?**
**Faut lâcher ça comme un' pucelle?**
**Faut moduler dans son falzar?**
**Faut jouer du violoncelle**
**Ou des airs de flûte?... Eh ben! non...**
**Vous m'prendriez pour un' tapette.**
**Et j'prends mon cul pour un canon...**
**Moi, quand ej'pète!**
**(...)**

**J'y peux rien. C'est pus fort que moi :**
**Quand j'en sens un qu'est à la porte**
**Et qui n'veut pas rester chez soi,**
**N'importe où que j'suis, faut qu'il sorte.**
**On aura beau m'app'ler cochon,**
**J'en enverrai jusqu'à perpète...**
**J'y mettrai jamais un bouchon...**
**Moi, faut que j'pète! »**

## LA PÉTOMANIE AU CAFÉ-CONCERT

Les thèmes préférés des paroliers de chansonnettes de la fin du siècle étaient les belles-mères, les seins, les pots de chambre, les infirmes et les Pets...

La moindre allusion aux misères d'entrailles provoquait, au café-concert, l'hilarité générale et les applaudissements...

Une grande vedette comique des concerts populaires, Plébins, se fit, dès 1889, un répertoire assez scatologique où le Pet tient la meilleure place.

Il lança à L'Eldorado une romance-bouffe que de nombreux chanteurs devaient reprendre après lui : *J'aime les femmes qu'a d'la poésie!*

**« Au concert du Palais-Royal**
**Elle s'oublia, l'année passée,**
**A c'point que j'lui dis : " C'est égal**
**Tu viens d'faire un' not' bien risquée!**
**Mais ell' me dit en rougissant :**
**j'ai cru la chose en harmonie**
**Puisque c'est un concert en plein vent! "**
**J'aime les femmes qu'a d'la poésie! »**

Ce même Plébins fit encore un triomphe avec *Les Mots Historiques* :

**« “ Que fait votre aimable personne ? ”**
**Dit Ronsard à la Montespan...**
**Ell' lui répond : “ Je m' confectionne**
**Un p'tit plat de haricots blancs !... ”**
**Mot historique :**
**Ah ! Ah ! Il y aura du bruit dans Landernau ! »**

**« Un agent d'police, sous Louis XIII,**
**Fit entendre un bruit qui fit : “ Brou !... ”**
**D'abord le Roi la trouva mauvaise,**
**Puis il dit : “ Ça sent rien du tout ! ”**
**Mot historique :**
**L'agent n'a pas d'odeur ! »**

Comme la direction de L'Eldorado encourageait Plébins à continuer dans ce registre, il composa *Le Cocher et son canasson.*

**« Quand il a mangé, dans sa gargotte**
**Des haricots roug's et si, sur sa roulotte,**
**Il fait d'temps en temps entendr' un p'tit [bruit**
**Son canasson fait la mêm' chos' que lui ! »**

Reprenant le vieux thème de la dame dure d'oreille qui croyait avoir lâché une simple vesse alors qu'elle avait fait un gros Pet, Plébins mit dans son répertoire *Le Gâteau de ma tante*, qu'il lança à L'Eldorado.

La trame de l'histoire est connue : chaque dimanche, l'usage était d'offrir, à la messe, un gros gâteau de pain bénit. Sa tante, un dimanche, ayant manqué de farine, elle offrit un gâteau tout petit :

**« Les fidèles, à la grand' messe,**
**Ne purent tous en manger**
**Et, pendant l'office, sans cesse**
**On se permit de chuchoter...**

**Lorsque la grand' messe fut dite,**
**Que chacun dut se retirer,**
**Ma tante s'en alla bien vite,**
**Mais en passant au bénitier...**

**Hélas ! Ah ! Comment vous le dire...**
**Ce qu'à ma tante il arriva...**
**Cela va vous interdire...**
**Bref ! Un son bizarre éclata !**

**Un son d'une espèce connue**
**Un bruit tout petit, tout petit,**
**Mais la note était fort aiguë**
**Et tout le monde l'entendit !**

**Chacun sourit de l'aventure,**
**Autour de ma tante soudain,**
**Qui, seule, ayant l'oreille dure,**
**Croyait son cas plus clandestin.**

**Ignorant que son bruit sonore**
**Avait produit autant d'écho,**
**Ma tante crut que tous encore**
**Riaient de son petit gâteau,**

**Et pour apaiser ces murmures :**
**– Ah ! dit-elle, en v'là des propos !**
**Si j'avais pu, soyez-en sûres,**
**J'vous en aurais fait un plus gros ! »**

*
* *

Bourgès, une autre vedette de La Scala et du Concert Parisien, spécialisé dans les chansonnettes de poivrots, fit applaudir *Les Enseignes*, où, bien entendu l'auteur avait glissé un Pet ou deux :

**« Hier, à diner, j'invit' ma tante,**
**J' la r'conduis mais, dans l'escalier,**
**A chaqu' étage, chose étonnante,**
**Les haricots la f'saient péter :**
**Gaz à tous les étages ! »**

*
* *

Sulbac, qui s'appelait Sulbach à l'état civil, connut le succès, dès ses débuts, en 1878, aux Ambassadeurs. Devenu un pensionnaire de La Scala et de L'Eldorado, il ne tarda pas à chanter, lui aussi, ce Pet qui plaisait tant au public et, en tenue de comique troupier, il créa : *L'opinion de Bridou*.

**« L'quatorz' juillet, dans la journée,**
**Tous nous dormions, dans la chambrée,**
**Le vent soufflait, comme un vrai mistral...**
**" – Fermez la fenêtr.. ! " crie l'caporal,**
**Un' voix dit : " – C'est pas l'vent qui souffle**
**Caporal ! C'est les z'haricots !**
**C'est Kif-kif bourricot !... " »**

Puisque le public aime les Pets, on va lui en donner, se dit Sulbac et il chanta *Pas comm' ma sœur !* qui connut un succès durable :

**« Ma sœur est très inconvenante,**
**Quand elle est en société**
**J'ai toujours peur qu'il ne vente**
**De l'un ou l'autre côté...**
**" – Au Palais-Royal, toute l'année,**
**L'canon, m'a dit un farceur**
**Ne part qu'un' fois dans la journée... "**
**C'est pas comm' ma sœur ! »**

***

Bien d'autres chanteurs, moins célèbres, ont mis des chansons « venteuses » dans leur répertoire, avec plus ou moins de bonheur, c'est ainsi que Chavat et Girier, duettistes comiques, y allèrent d'une *Chansonnette culinaire* se rapportant aux rôtis, volailles et desserts, dans laquelle ils ne ratèrent pas de parler de Pet :

**« Paraît qu'au couvent d' Saint' Abbesse,**
**Une sœur étant en confesse,**
**Fit entendre un tout p'tit son**
**Qui v'nait probablement d' Soissons :**
**pet de nonne... pour un Boum ! »**

On peut affirmer que cette vogue du Pet au café-concert a déterminé M. Zidler, le directeur du Moulin-Rouge et M. Oller, le grand patron, à engager Joseph Pujol qui allait devenir l'illustre Pétomane.

## LE TRIOMPHE DE JOSEPH PUJOL (1857-1945), LE PÉTOMANE

M. Zidler, que M. Oller, propriétaire du Moulin-Rouge, avait choisi comme directeur en 1889, reçut un jour, plusieurs mois après l'ouverture du bal montmartrois, la visite d'un inconnu, un certain Joseph Pujol, qui venait de Marseille.

C'était en 1891, M. Zidler a lui-même raconté sa première entrevue avec celui qui, à trente-trois ans, allait déplacer l'Europe entière :

**« Monsieur le directeur, me dit-il, je suis un phénomène et ma particularité passionnera vos spectateurs... Voilà, je possède un anus aspirateur, il est d'une telle élasticité que je peux à volonté, l'ouvrir, l'entrouvrir et le fermer... J'aspire l'eau et l'air et je les renvoie à ma guise... Faites apporter une cuvette pleine d'eau et je vais avoir le plaisir d'exécuter devant vous une expérience scientifique...**

**...On apporta la cuvette demandée, l'homme retira son pantalon, fit constater qu'il portait un caleçon spécial, perforé en son centre, et il aspira l'eau de la cuvette qu'il restitua quelques instants plus tard... »**

Comme M. Zidler ne comprenait pas l'intérêt d'une telle opération pour la clientèle de son concert, M. Pujol précisa qu'après des années d'expériences et d'entraînement, il était parvenu à régler l'évacuation de l'air absorbé, et pouvait exécuter un véritable numéro musical... Selon qu'il se penchait plus ou moins, en avant, sur le côté, ou qu'il se redressait lentement, il obtenait, en effet, des notes hautes ou basses, des sons variés, des modulations. Il fit ainsi entendre, sans fausses notes, le refrain de La Marseillaise...

Enfin, pour montrer son adresse, il souffla, à bonne distance, la flamme d'une bougie.

M. Zidler, conquis, proposa à Pujol un contrat avantageux et quand il le présenta à M. Oller, son grand patron, celui-ci décida lui-même la mise en scène de ce numéro insolite. Dans la salle, qui était constituée par le ventre d'un gigantesque éléphant de pierre, il fit placer un compère, qui, chargé de jouer les incrédules, monterait sur l'estrade pour vérifier, devant le public, qu'il n'y avait aucun appareil dans la culotte ou dans l'habit de l'artiste...

Quelques jours après la signature du contrat, des affiches collées dans tout Paris proclamaient : **« Au Moulin-Rouge, tous les soirs, de 8 à 9 heures, venez applaudir le Pétomane, le seul artiste qui ne paie pas de droits d'auteur... »**

Yvette Guilbert, l'inoubliable vedette aux gants noirs, a relaté dans ses Mémoires l'extraordinaire succès remporté par le Pétomane que le critique Adolphe Brisson qualifia, très sérieusement, **« d'artiste authentique »** !

**« On s'écrasait pour l'entendre**, écrivait Yvette Guilbert, **les cris, les rires, les spasmes des femmes, les hurlements hystériques s'entendaient à cent mètres du Moulin-Rouge. Quand l'artiste voyait cette foule ainsi secouée, il criait : " Un ! Deux ! Trois !... En**

**chœur ! ", la salle était alors en convulsions... »**

Un des rois du show-business d'alors, Jacques Charles, évoquant ses souvenirs de jeunesse, a laissé une description fidèle du numéro de M. Pujol :

« **Je n'ai jamais vu des salles entières se tordre de rire, crier, suffoquer, comme au numéro du Pétomane. C'était un petit monsieur, très brun, à moustache en croc, aux cheveux en brosse, vêtu d'un habit rouge et d'une culotte de satin noir, comme en portent les invités de la Cour d'Angleterre les soirs de gala et son boniment, à lui seul, mettait en joie la salle :**

**" Mesdames, Messieurs,**

**Y a-t-il quelque chose au monde qui fasse plus rire qu'un Pet bien fait?... Je vais avoir l'honneur d'imiter devant vous différentes sortes de Pets... " »**

Premièrement, il faisait le Pet de la jeune fille timide, puis le Pet de la couturière, le Pet du monsieur bègue, etc. Ensuite, écartant les basques de son habit rouge, et, tirant de sa petite culotte un tuyau de caoutchouc, fumait une cigarette... par sa bouche postérieure !

Après cet exercice, il plaçait, du bout du tuyau, une petite flûte à six trous et jouait quelques morceaux connus de tous, comme *Le Roi Dagobert* et *Au Clair de la Lune...*

A cette époque, la grande Sarah Bernhardt battait le record des recettes quotidiennes des spectacles de Paris avec huit mille francs par soirée et elle fut très vexée de se voir devancée par le Pétomane qui faisait encaisser à la direction du Moulin-Rouge vingt mille francs par dimanche !

On publia des centaines d'articles sur ce numéro sensationnel et plusieurs reporters, ayant interviewé Joseph Pujol, firent connaître au public la biographie de « L'homme du jour ». Il était le père de quatre enfants ; né à Marseille, il avait eu, à dix ou douze ans, la révélation de sa « spécialité physiologique » au cours d'une baignade dans le Vieux Port. Après avoir, involontairement, absorbé par l'anus une quantité d'eau, il la renvoya, tout naturellement, par le même orifice. Il renouvela l'expérience et, peu à peu, il s'exerça à renvoyer l'eau à des distances de plus en plus grandes, ensuite, il s'exerça à absorber un certain volume d'air et à le renvoyer en mesure.

« **J'avais de l'oreille,** confia-t-il à un journaliste, **je retenais les airs que j'entendais... il me fut facile de me faire un petit répertoire... »**

Il recueillit ses premiers applaudissements dans les cafés du port, et la presse locale publia quelques articles sur ce jeune phénomène au talent particulier.

Au régiment, il se fit remarquer par sa technique très personnelle de « sonner » le réveil, la soupe et le couvre-feu...

Son service militaire accompli, il composa un vrai programme en deux parties, avec une série d'imitations de Pets précédant un petit concert ; il le présenta dès 1887 dans les cafés-concerts du Sud-Ouest.

Devant le succès grandissant, il « monta » à Paris. Dès qu'il fut devenu la célèbre vedette du Moulin-Rouge, les médecins s'intéressèrent à lui et le 20 avril 1892, la presse médicale publiait un article intitulé : **« Un cas extraordinaire d'aspiration rectale et d'anus musical. »**

L'examen de Pujol avait été réalisé par le docteur Bauduin, à l'École Pratique de la Faculté de Médecine, sous la direction du professeur de physiologie Charles Richet.

**« M. Pujol n'a pas de hernie et ne présente aucune malformation... on ne remarque aucune trace de varice aux membres inférieurs, aucune modification dans le système veineux...**

**Fait remarquable : M. Pujol va à la selle à volonté !... »**

Le docteur Bauduin avait également examiné le phénomène sur scène : **« Après le boniment d'usage, restant debout, il se penche assez fortement, incurve le tronc, soit presque horizontal, c'est-à-dire perpendiculaire à ses membres inférieurs. Alors, de chaque côté, il embrasse à pleines mains la partie supérieure du genou correspondant et donne ainsi un appui solide à ses membres supérieurs, la tête a la direction du thorax, mais légèrement inclinée vers le sol, on voit alors que notre homme se livre à une courte inspiration et raidit les bras, il fait quelques mouvements imperceptibles et sa figure, comme son cou, se congestionnent fortement... Un léger bruit qui correspond à l'aspiration, passe inaperçu... Le sujet se relève avec douceur : son réservoir est chargé. La partie amusante de**

**l'expérience est constituée par la chasse de l'air accumulé dans l'intestin. Quand les gaz sortent avec assez de force et avec un certain degré de tension du sphincter, il se produit des bruits d'intensité, de timbre et de hauteur variés; parfois ce sont des sons musicaux, des accords parfaits, parfois, plus extraordinaire encore... des airs parfaitement reconnaissables. »**

Toute la presse encensa l'immense vedette, ce Pétomane, le « Triomphateur du Jour », à l'exception du journal *L'Éclair*, qui dans son numéro du 2 mai 1892, publia un véritable éreintement de la Pétomanie signé A. Hepp :

**« Au joyeux Moulin-Rouge : une foule énorme, impatiente et choisie, habits noirs, cravates blanches; des habitués, des étoiles excentriques, des femmes du monde aussi, on s'esclaffe, on se bouscule... on se pâme à l'avance...**

**Enfin, sur l'estrade, en habit rouge, en culotte courte, voici le héros... " Mesdames, Messieurs, je vais avoir l'honneur de vous dire quelques morceaux de ma façon... " Et, relevant les basques de son habit, l'artiste auquel on va faire fête, tout d'un coup s'accroupit, se contracte, s'enfle, pousse une première note qui lui sort par la base. Honneur et salut au Pétomane ! Il interprète tout : le premier soupir de la jeune fille, la douleur de la veuve, le grand air de La Favorite, et La Marseillaise en majeur, mineur, vrilles et roulades... Il s'offre à l'admiration et à la déchéance de ses contemporains...**

**Cette ordure à répétitions, sans esprit ni**

**excuse, où se précipite et s'amuse la jeunesse et cette jeunesse elle-même, affolée de scatologie... donnent la nausée... »** Nausée très relative, car la foule continua à accourir au Moulin-Rouge pour écouter cette **« ordure à répétitions »**.

Est-ce à cause de cela que Pujol changea légèrement la présentation de son numéro :

**« Mesdames, Mesdemoiselles, Messieurs,** disait-il, **je vais avoir l'honneur de présenter devant vous une séance de Pétomanie ; le mot Pétomane veut dire : " homme qui pète à volonté "... mais ne craignez rien pour votre odorat ! Mes parents se sont ruinés pour me faire parfumer le rectum ! »**

Il avait aussi ajouté l'imitation d'un coup de canon accompagné de commandements : **« Artilleurs ! A vos pièces !... Attention : feu ! »**

***

Le 5 juin 1892, dans l'une des gazettes rimées que publiait régulièrement *Le Courrier Français,* Raoul Ponchon réservait une place au Pétomane, la grande vedette...

**« Bientôt, au son de la trompette,**
**Il fit clamer : " L'Homme qui pète**
**Est ici... qu'on se le répète !... "**

**Chacun voulut voir ce prodige**
**Et toute la ville, vous dis-je,**
**Fut prise de vertiges... »**

***

Le triomphe du Pétomane ne tarda pas à donner des idées aux chansonniers et même aux peintres !

En 1893, au Salon des Artistes Incohérents, ces véritables précurseurs du Surréalisme, on présenta un tableau intitulé : **« Trou de bal... Il pète aux mânes !... »** et un quatrain :

**« Mon incohérence est morose**
**Devant le terme des savants,**
**Car si l'on dit la rose des vents...**
**... Les vents ne sentent pas la rose ! »**

On pouvait enfin contempler un dessin représentant **« La colonne vent d'homme !... »** en hommage au Pétomane !...

***

A son tour, Coquelin Cadet, sociétaire de la Comédie-Française, récita *Le Ventomane*, un monologue comique... Il fallait bien suivre la mode !

***

Mais c'est surtout au café-concert, que Pujol mobilisa les « talents »...

Plébins, qui avait tant chanté les Pets, retrouva son thème favori avec *L'Obsédé*, qu'il interpréta à L'Eldorado en 1893, où parlant notamment de sa femme :

**« Un jour, j' l'ai menée chez l' Pétomane**
**Qui f'sait avec son mâl' d'organe**
**Tararaboum dihé !...**

**Elle en fut tell'ment obsédée**
**Que d'puis c' temps-là par derrière ell' fait**
**Tararaboum dihé ! »**

***

Un autre comique, qui connut la célébrité à trente-cinq ans, le joyeux Clovis, vedette applaudie à La Scala, à L'Eldorado, au Concert Parisien et à L'Alcazar d'Été, soucieux de suivre le bon exemple, fit entendre un monologue mêlé de petits couplets, intitulé Le Soliste. Après avoir annoncé qu'il allait interpréter un solo, portant à ses lèvres un trombone dont il ne jouait pas, il racontait ses débuts dans la musique : **« J'ai commencé en m'essayant sur “ le Piano du Pauvre ” !... Le piano du pauvre, c'est tout simplement un boisseau d'haricots que l'on mange le matin ! et le soir, on a un instrument à vent... à l'œil !... Quand je dis “ à l'œil ”... c'est une manière de parler ! »**

Ayant constaté la joie des spectateurs, Clovis chanta, sur le même sujet, quelques couplets sur une charmante musique de Gustave Goublier, *Le Haricot :*

**« Il est élégant comme un page**
**Tendre et vert durant son jeune âge,**
**C'est le compagnon du gigot...**
**Le haricot !...**

**Mais dès qu'il vieillit, c'est comique,**
**Il est instrument de musique**

**Et souffle à tire-larigot...**
**Le haricot!**

**Quand il s'adonne à la musique**
**Comme chanteur il est unique,**
**Il descend plus bas que le do!**
**Le haricot!...etc. etc. »**

Le Pet, pour Clovis, devenait une bonne affaire car les directeurs de cafés-concerts lui offraient de beaux cachets pour le chanter, il lança donc une autre gaudriole à L'Alcazar d'Été, chanson-monologue intitulée : *La Petite Trompette*; il s'agissait d'une charcutière, la charmante veuve Chapotard, dont chacun admirait les jambonneaux et... « le sein doux »!... Cette séduisante personne était la mère d'un gamin, un petit farceur, dont les remarques mirent fin à une belle amourette...

**« Un beau dimanch' ma charcutière**
**M'invite à dîner sans façons...**
**Elle avait fait, afin d' me plaire**
**Un p'tit plat d'haricots d' Soissons!**

**Les haricots, c'est ma faiblesse**
**Et comm' dans l' courant du dîner**
**Ce soir-là, j'en repris sans cesse,**
**Un accident d'vait m'arriver...**

**Au dessert, étant mal à l'aise**
**J'éternue... dans un drôl' de ton,**
**Au même instant je r'mue ma chaise**
**Afin d'étouffer un peu l' son! »**

Tout se passait bien, la charcutière n'avait rien remarqué...

**« Quand v'là son moutard diabolique**
**Qui m' dit soudain : – Monsieur Léon,**
**Prêtez-moi donc la p'tit' musique**
**Que t'as dans l' fond d' ton pantalon ! »**

etc.

***

**« Le Pétomane du Moulin-Rouge est un chanteur fin de siècle qui pousse sa romance... par en bas. Tous les soirs, un nombreux public applaudit sa voix de tête... »** (« Les Journaux. »)

Cette citation figure en haut d'une chanson intitulée :

*La Valse des Haricots*
*ou*
*Le Pétomane du Moulin-Rouge.*

La musique est signée Émile Spencer et les paroles Fernando. On l'applaudit beaucoup à Ba-Ta-Clan et à L'Européen, en 1893.

**« Au Moulin-Rouge l' Pétomane**
**Est en train, sans en avoir l'air,**
**Grâce à son admirable organe,**
**De couler cet affreux Wagner.**
**De face, c'est un rien qui vaille,**
**Comme chanteur, assure-t-on,**
**Mais, au revers de la médaille...**
**C'est un excellent baryton ! »**

**Refrain :**

**« Sa voix pétulante**
**Tandis qu'il nous tourne le dos,**
**Nous chante, vibrante**
**La valse des haricots!...**
**Musique nouvelle**
**Qui fait retentir les échos,**
**C'est la valse des haricots**
**Avec sa ritournelle! »**

**« De ce chanteur la renommée**
**S'impose au plus récalcitrant;**
**Il n'y a pas de feu sans fumée**
**I' n' f'rait pas tant d' bruit sans " fond'ment ",**
**On prétend que l' monde anarchiste**
**Le sollicit' de toute part,**
**Car, avec un pareil artiste**
**On est sûr d'avoir... du " Pétard "!... »**

***

Cette même année 1893, le dimanche 9 avril, Edmond de Goncourt, ce ramasseur de commérages, nota dans son *Journal,* une confidence sur les goûts de Guy de Maupassant, amateur de Pets...

Léon Hennique (1851-1935), qui avait collaboré, en 1887, au premier spectacle donné par Antoine au *Théâtre Libre,* et fait partie des « Soirées de Médan », était un ami de Goncourt et de Maupassant.

Il raconta, ce dimanche d'avril, ce qu'il avait entendu dans une chambre d'hôtel : **« ... Pète-moi dans la bouche!... »**

**... « Oui, j'ai entendu cela de l'autre chambre où Maupassant était couché comme moi avec une fille !... »**

Après l'évocation de ce galant souvenir, Hennique s'étendit sur le sadisme et la puissance d'érection de l'auteur de *Boule de Suif*; simple coïncidence : il fit cette confidence à Goncourt l'année même de la mort de Guy de Maupassant.

***

Au café-concert, le Pet devint une sorte d'obsession, et le zézayant Clovis lança à L'Alcazar d'Été, *La Pétomanie*, un monologue avec couplets chantés.

**« Puisque Edison a inventé le téléphone, moi j'inventerai le Pétophone. Il a fait fortune avec l'électricité, moi je ferai la mienne avec " le Gaz "...**

**« Je me suis mis à travailler mon instrument dans le silence du " cabinet "... Je m'acharnais tellement que je suis devenu très fort... Vous allez en juger ! Je voulais d'abord me présenter en habit rouge et en culotte courte mais j'ai renoncé à cette idée parce que les basques de l'habit assourdissaient le son... Aussi, tenez, pour bien faire, je devrais avoir un " Pet-en-l'air " et paraître derrière un... " paravent "...**

**« Enfin, vous allez toujours m'entendre... Je vais vous jouer un morceau en ré... Ça s'appelle *Brise du Soir*...**

**« Je suis un très grand artiste**
**Et j' viens d' trouver un instrument**
**Auxquels le piston et l' pianiste**

**Vont céder l' pas très prochain'ment!**
**J' suis plus fort que m'sieur Edison**
**J'ai inventé le Pétophone!**
**C'est plus util' que l' téléphone... »**

***

Au Moulin-Rouge, en dehors de son numéro sur scène, Pujol donnait des séances dans une salle réservée aux messieurs. Il paraissait alors en costume de bains, avec une grande échancrure au postérieur afin de prouver aux incrédules qu'il n'utilisait aucun appareil... Dans cette petite pièce du Moulin-Rouge, le Pétomane, après cette exhibition... un peu spéciale, avait le droit de faire la quête.

Pour le Pétomane, c'était à la fois la gloire et la fortune.

Touchant des pourcentages sur les recettes, il s'installa en famille dans un chalet avec tourelles, à Saint-Maur-des-Fossés. Il avait alors des domestiques, un cocher-régisseur, possédait plusieurs attelages et quand il conduisait au bois de Boulogne son cabriolet élégant, le haut-de-forme bien droit, les passants applaudissaient en criant **« Vive le Pétomane! »**. Les souverains eux-mêmes lui faisaient fête et Léopold II, le roi des Belges, qui avait pour lui une grande admiration, l'invita dans son royaume.

Grisé par le succès et fatigué par les exigences de ses patrons, Pujol se fit construire un grand théâtre ambulant : Le *Théâtre Pompadour* où il interpréta son répertoire habituel, à la Foire du Trône, à Neuilly.

La direction du Moulin-Rouge lui intenta aussitôt un procès qui « fit la une » de tous les journaux.

Le 1er mai 1894, il était appelé devant la 6e Chambre du Tribunal Civil de la Seine; il s'agissait d'un procès en dommages-intérêts intenté par M. Oller, le patron du *Moulin-Rouge* pour **« avoir violé son engagement en donnant des représentations au lieu dit la Foire au pain d'épice »**. En conséquence, M. Oller réclamait du Pétomane, le dédit stipulé dans le contrat d'engagement, soit la somme de trois mille francs.

Malgré la défense d'un bon avocat, M. Pujol dut payer le dédit.

Sur l'estrade de son *Théâtre Pompadour*, il continuait à attirer le public, de plus en plus nombreux, lorsqu'il eut la surprise de voir sur les murs une affiche annonçant le numéro, au Moulin-Rouge, d'Angèle Thiébeau, **« La Femme Pétomane »...** une enquête lui ayant permis d'apprendre que cette dame utilisait, pour l'imiter, des soufflets cachés sous ses jupons, il pria son avocat de préparer le dossier d'un procès pour « imitation frauduleuse »... Or, avant même que cette procédure ne fût mise au point, on apprit dans les journaux que la fausse Pétomane attaquait pour « diffamation » l'*Art Lyrique et le Music Hall*, revue dans laquelle on pouvait lire :

**« Je m'étonne que le directeur du Moulin-Rouge fasse payer les gens pour aller voir, au premier étage, la Femme Pétomane; celle-ci, qui n'a même pas l'excuse d'être jolie, imite la suave musique en question à l'aide d'un soufflete qu'elle dissimule dans sa poche... C'est un attrape-nigauds, une fumisterie de mauvais goût que la direction a tort de patronner... »**

Angèle Thiébeau, ayant été considérée comme non diffamée par les expressions « attrape-nigauds » et « fumisterie » fut renvoyée et elle dut payer les frais.

M. Pujol, se jugeant vengé, renonça à poursuivre la faussaire et retira sa plainte.

Maurice Donnay écrivait : **« Le Pétomane est un honnête artisan du derrière... »**

***

A la fin du siècle, on chantait, à La Scala, *Les Étages de la Femme*. L'auteur de ce tube énumère et commente, d'un couplet à l'autre, les charmes de chaque étage. Au premier, sont les genoux sur lesquels l'homme aime à s'asseoir ; le troisième, en forme de ballon, peut se gonfler comme une barrique, le quatrième est ravissant, quant au dernier couplet qui faisait beaucoup rire, il est réservé au second étage où il y a... le gaz !

**« Si je n'ai pas parlé du s'cond,**
**Je l'ai fait avec intention...**
**Car il faudrait plus d' cinq cents pages**
**Pour en décrir' les avantages.**
**C'est l'étage le plus habité**
**Aussi bien l'hiver que l'été**
**Car il a tout c' qu'il faut pour plaire :**
**Eau par devant, gaz par derrière ! »**

***

Comme le public continuait à s'esclaffer, Sulbac, à L'Eldorado, chanta une facétie au titre alléchant : *La Jeannette Kichibon*... dont le parolier, Louis Faure, s'est bien gardé d'omettre le Pet, tellement apprécié :

**« Pour êtr' musicienne parfaite**
**Ell' mang', le croira-t-on?**
**Des haricots en cachette**
**La Jeannette...**
**Elle a toujours l' diapason**
**La Jeannette Kichibon!... »**

## PETIT PET, GRANDS EFFETS

*Les cent premières années de Nino Cochise* [1], d'A. Kinney Griffith et Ninno Cochise soi-même (Le Seuil, 1989) raconte la curieuse histoire d'un Indien qui péta sous le nez d'un futur président des États-Unis.

Le colonel Roosevelt, en 1897, entra en contact avec Nino Cochise parce qu'il recherchait des volontaires américains pour lutter contre le Mexique. Cochise refusa de suivre Théodore.

A la fin de l'entretien, Cochise et les hommes qui l'accompagnaient se remettaient à cheval quand l'un d'entre eux **« qui montait sans selle, laissa brusquement échapper un Pet. Surpris par l'explosion ou la vibration (...), son mustang affolé bondit vers le nord, puis revint vers le sud, en ruant furieusement »**.

Les autres chevaux ruèrent aussitôt, et il

1. Cochise (1812-1874), chef de la tribu de Chiracohua, unifia, avec Géronimo, le peuple apache. Il opposa une vive résistance à la venue des Blancs.

s'ensuivit **« un mélange de cris, de craquements de selles et de bruits de sabots frappant terre »** qui aurait pu valoir un grave accident au bon colonel en question.

## ET LA PÉTAPHYSIQUE ?

Alfred Jarry (né à Laval en 1832, mort à Paris en 1907), le précurseur du surréalisme, le « Pétaphysicien », était un joyeux fumiste qui ramona la bêtise humaine.

(1896). Son *Père Ubu*, son vocabulaire, son ton sont d'une incroyable modernité. Sa farce danse avec la légèreté et la grâce de certains obèses. Sa simplicité apparente est une intelligence à nu. Autant qu'Henri Monnier et Gustave Flaubert, autres terroristes messianiques de la connerie, Alfred Jarry est indispensable. On trouvera des résonances étranges de certains de ses poèmes dans ceux de Georges Fourest, rappelant celles d'un apôtre qui porte la bonne parole.

Dans *Onésime ou les Tribulations de Priou*, P.H. (sous ces initiales se tient celui qui sera ensuite le Père Ubu) interroge Merdanpot sur l'endroit où se trouve Priou. Il demande à Merdanpot de ne lui répondre que par des onomatopées et le dialogue s'engage, totalement surréaliste :

**« Le P.H. : Que sais-tu, vachard, du lieu de sa retraite ?**

**Merdanpot : Rien.**

**Le P.H. : Qu'est-il actuellement ?**
**(...)**
**Merdanpot : Triste.**
**Le P.H. : Pas possible ! Au fait c'est peut-être de ma faute. Qu'ai-je donc envoyé après lui ?**
**Merdanpot : Gaz.**
**Le P.H. : Veuillez répéter ; j'ai mal entendu. Quoi encore ?**
**Merdanpot : Pets [1]. »**

---

1. Est-ce un hommage curieux? une réminiscence? un emprunt? Dans *Pantagruel*, Livre V, chapitre XXVIII, nous lisons un dialogue entre Panurge et Le Frédon, construit de semblable façon. Le Frédon, interrogé par Panurge sur « les belles garces » qu'il connaît, répond par monosyllabes et sur le même... sujet :

**« Panurge : Et que font alors les garces ?**
**Le Frédon : Bruit.**
**Panurge : Alors que leur donnez-vous ?**
**Le Frédon : Coups.**
**Panurge : Que font-elles pour lors ?**
**Le Frédon : Bren.**
**Panurge : Que dis-tu ?**
**Le Frédon : Pets. »**

Gravures de l'époque révolutionnaire.

*Ci-dessous* : image d'Epinal.

Gravure de l'époque révolutionnaire.

Le jeu du Pet-en-Gueule, image populaire.

Dernier effort des Jacobins.
Gravure de l'époque révolutionnaire.

Carte postale
de l'époque de la guerre russo-japonaise.

Carte postale baromètre.

Carte postale 1900.

*La Jeannette Kichibon*,
chanson de Faure et Pothignon.

*Les Souloloques d'Honoré*, chanson d'Aristide Bruant.

Carte postale 1900.

Fig. 33

33. — **BOULES PUANTES.**— Ces boules contiennent un liquide d'une odeur des plus repoussantes qui se répand dans l'atmosphère quand on les brise. Les assistants se bouchent le nez en se regardant d'un œil accusateur, et finalement tout le monde se sauve.

*NOTA.* — Pour augmenter encore cette farce, se servir d'un pétophone avec lequel on ajoutera le bruit à l'odeur. *La boîte de 3* **0 70**

**COUSSIN PETOMANE**

**Honteux, confus, le rouge cramoisi**
**Empourpre mon visage. Sur quoi m'a-t-on assis ?**

*En haut* : farces et attrapes.
*Au milieu* : dépliant humoristique espagnol.
*Ci-contre* : farces et attrapes : emballage.

Extrait de
*Léon Van Oukel s'en tire toujours*,
de Théo Van den Boogard et Xwim T. Schippers,

Mizou-Mizou, un des Nuls,
en Pétomane sur Canal + en 1989.

**De l'art de péter...**

Attention! Adultes, ne projetez pas vos préjugés sur les enfants qui, eux, n'en ont pas. Une éditrice, forte de cette conviction, a publié des livres pour enfants sur les pets, notamment...

Page 27

*L'Histoire des Pets*, de Shinta Cho, ouvrage publié en japonais par Fukuikan Shoten, à Tokyo, en 1978, et en français par Téléditions S.A., Genève, en 1989. © Fukuikan Shoten.

glou, glou, plof...
Les gens aussi font des pets.

Quand l'air sort par la bouche,
ça fait un rot.
Quand il sort par le derrière,
ça fait un pet

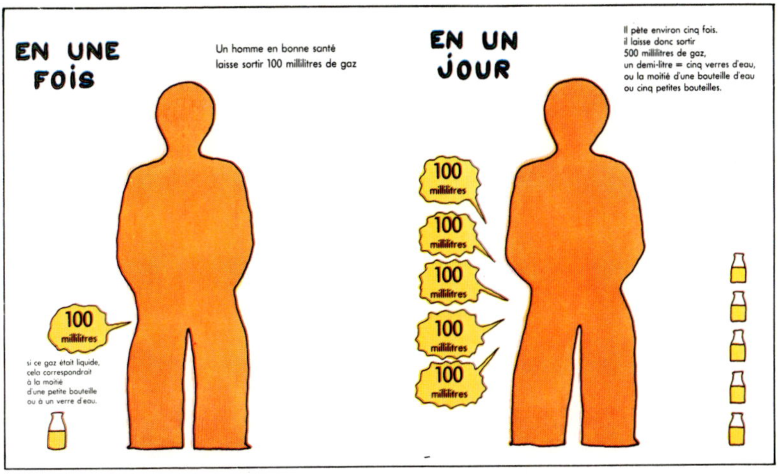
EN UNE FOIS
Un homme en bonne santé
laisse sortir 100 millilitres de gaz
100 millilitres
si ce gaz était liquide,
cela correspondrait
à la moitié
d'une petite bouteille
ou à un verre d'eau.
EN UN JOUR
Il pète environ cinq fois.
il laisse donc sortir
500 millilitres de gaz,
un demi-litre = cinq verres d'eau,
ou la moitié d'une bouteille d'eau
ou cinq petites bouteilles.
100 millilitres
100 millilitres
100 millilitres
100 millilitres
100 millilitres

*Brigadier, vous avez raison*,
gravure de Lavrate (1890).

*Les Pets de l'académicien*,
dessin de Puig Rosado.

***Page ci-contre :*** *Les Passagers du vent*, extrait de *Les Sales blagues de L'Echo*, de Vuillemin, © Editions L'Echo des savanes/Albin Michel, 1991.

J'EN PEUX PLUS! FAUT QUE ÇA SORTE!!!
PROUAAAK
KIKI!!! FAIS ATTENTION!
?
BON DIEU! ILS CROIENT QUE C'EST LE CLEBARD DE LA VIOQUE!

...N'HESITONS PAS...
LOUUUFFF. FUZZZ PROUAAAAK PFFFFFFT
BLOUF
KIKI! FAIS ATTENTION!
?
SACRÉ KIKI!!!
KPOW! FLOUUUZZZ BLOUK BLOB KPAAAWW PROUÂÂÂK BLUP VIZZZ
KIKI JE T'AURAIS PREVENU!!! LE MONSIEUR VA FINIR PAR TE CHIER DESSUS!!!

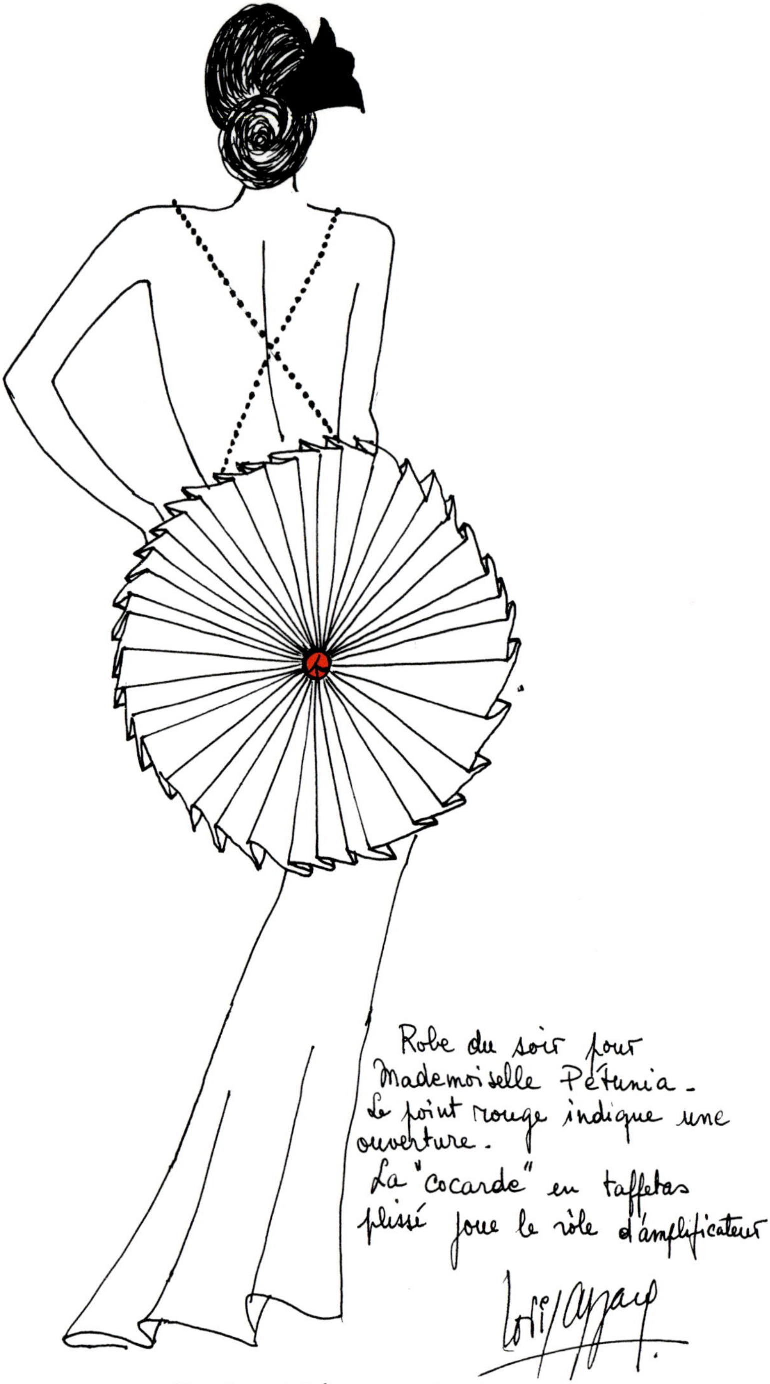


Dessin spécialement exécuté pour
l'*Histoire anecdotique du pet*, par Loris Azzaro.

*Gazomètre*, planche de Reiser
extraite de *Les Copines*,

Jean Feixas devant l'affiche
de la campagne publicitaire « Prout ! »,
en 1991(*Avenir*). Thème : « Si vous
avez une autre idée, écrivez-nous ».
(Photo Guy Becam)

# IV

# LE NÉO-CLASSICISME

## (xx^e^ siècle)

Au début du siècle, une vague d'anticléricalisme fit circuler quelques histoires. On situe celle-ci en 1904, qui est à l'évidence trop « grosse » pour être vraie, mais qui trouve assise... sur le Pet... : « Peu de temps après l'expulsion des religieuses de France, un groupe d'entre elles a trouvé refuge dans un cloître italien, où chaque semaine un prêtre français va célébrer les offices. Un jour, étant dans l'impossibilité de remplir sa tâche, il demande à un prêtre italien de le remplacer; ce dernier accepte, mais le dimanche arrive et il est bien embarrassé, car il a oublié de préparer son sermon et a certaines difficultés à s'exprimer en français. Il pense qu'il va parler de la prière, mais impossible de se rappeler comment se dit " prier ", il croit se souvenir qu'en français ça pourrait être " péter " :

**« Mes chères sœurs, Dieu veut que nous soyons réunis aujourd'hui. Je vais vous parler d'un grand et noble sujet.**

**« Je vous dirai pourquoi il faut péter, quand il faut péter et comment il faut péter!...**

**« Il faut péter, nous devons péter parce que cela soulage notre corps et notre âme. Il faut péter, mes sœurs, car Dieu a dit : celui qui pète se sauve et celui qui ne pète pas se damne, etc[1]... »**

Quelques années plus tard, si l'on entend *Boum!* suivi de *Boum Boum Boum!* est-ce parce que c'est la guerre de 1914 et que les shrapnell éclatent sur le front? Non, ce sont les titres de deux chansons qui mélangent le bruit des bombes à celui des Pets. Ainsi :

**« Boum, Boum, Boum!**
**Si vous aimez ce refrain-là,**
**Allez-y vous gênez pas,**
**Boum Boum Boum!**
**Vos joues prendront en se gonflant**
**La forme d'un p'tit derrièr' d'enfant,**
**Boum Boum Boum! »**

dit l'une. Ce sont les séquelles de l'Age d'Or, l'installation définitive du Pet dans l'imagerie clownesque. On va retrouver le Pet au spectacle et dans les Lettres, chez les plus grands du genre.

Quand, dans un recueillement religieux,

---

1. On raconta plus tard, en Anjou, vers 1950, une curieuse et naïve blague qui fit aussi péter à l'église.

**« A la paroisse de... arriva un abbé de haute taille qui venait remplacer l'ancien curé, beaucoup plus petit que lui. Comme le nouveau venu, débutant, connaissait mal les textes sacrés, le petit curé lui proposa de se cacher sous sa soutane et de les lui souffler. Tout se passa bien durant la première partie de l'office, quand brusquement le grand abbé péta dans le nez de l'autre qui, mécontent, lui murmura : " Tu as pété, dégueulasse "... et l'autre de machinalement répéter, en faisant un signe de croix : " Tu as pété, dégueulasse, amen. " »**

aujourd'hui encore, en écho de 1904, au milieu de moines méditant, sonne un Pet clair et franc, que croyez-vous qu'il se passe? Rien. Tout au plus un autre Pet répond-il? Mais qui ne dérange pas davantage la solennité du lieu et la profondeur de la réflexion commune. C'est que nous ne pétons pas en France. Nous sommes aux Indes, à Igatpuri, au centre de méditation, où viennent aussi réfléchir quelques Européens nostalgiques.

Mais en France, qu'adviendrait-il? Si quelque franciscain... Bah! Plus grand-chose certainement... Pas plus qu'à la fin du Moyen Age, quand la nonne jongla, d'un Pet, avec les grains de millet.

Le Pet, vraiment, est désormais chez vous chez lui. Dans maintes représentations graphiques, écrites, sonores, le Pet n'est plus tabou. On pète dans les foyers aux heures de grande écoute. A la radio, à la télévision, on pète au cinéma. On pète chez les grands et chez les petits. C'est bon pour la santé, allons-y! (Pour vivre longtemps, il faut donner à son cul vent.) Le disque s'y met, à son (trente-trois) tour (s).

Cette révolution populaire, on la doit au Pétomane, au bon Pujol qui fut le messie du dieu Crépitus et à ses prophètes du café-concert.

Ce siècle qui débuta avec lui, finit avec sa réplique (on le verra plus loin) Bruno Carette, dans l'émission télévisée des Nuls.

L'un des sketches de Mizou-Mizou le montre avant qu'il ne pète, assisté de moines bouddhistes vêtus de jaune (Fleur de lotus lui-même), ayant acquis une sorte de sagesse béate. C'est ainsi qu'Igatpuri, se répète, osons-nous dire, en France.

Il n'est guère que les intégristes musulmans (*Figaro-Magazine* du 23 juin 1990) pour le condamner encore. Les activités de l'un d'entre eux, en effet, sont ainsi décrites :

**« (...) Après le déjeuner, Omar rejoint une association islamique où il passe la deuxième moitié de sa journée. Je le sais pressé, car il va accomplir une nouvelle série de dévotions... et recommencer ses ablutions afin de retrouver l'état de pureté qu'un rien peut lui faire perdre : par exemple d'avoir saigné à la suite d'une coupure ou d'avoir lâché un pet (...). »**

Mais reprenons notre petit pas de danse historique dans le ballet des thuriféraires du Pet depuis 1900.

***

En 1907, le Pet, grâce à M. Pujol, conservait sa puissance comique, et Charlus, vedette de La Scala et de L'Eldorado, chantait : *Elle faisait Prout ! Prout*, une chansonnette dont les paroles, disaient les critiques, étaient tout à fait « croquignolettes ! » :

**Ell' faisait un petit bruit,**
**Prout ! Prout ! Prout ! Prout !**
**Qui était, ma foi, très gentil,**
**Prout ! Prout ! Prout ! Prout !**
**Chacun se disait : « non d'là !**
**Avec quoi donc qu'elle fait ça ? »**

**Un parfum s'serait dégagé,**
**Ça l'aurait p't'êtr' indiqué...**
**Mais c'qui était plus fort que tout,**
**C'est qu'ça sentait rien du tout,**
**Prout! Prout! Prout! Prout!**

*Elle faisait Prout! Prout!* éditée en petit format ayant été bien vendue, on demanda quelques mois plus tard à Charlus de l'enregistrer sur disque... et les propriétaires, encore assez rares, de phonographes, purent l'écouter, le soir, à la veillée...

Simple coïncidence ou vacherie politique, c'est justement en cette année 1907, que l'on fit courir le bruit que M. Armand Fallières, président de la République depuis un an, souffrant de maux intestinaux, laissait parfois échapper des « bruits » inconvenants pendant des réunions officielles. Vraie ou fausse, cette histoire inspira au parolier Jean Mendrot, une *Valse Présidentielle* au titre déjà connu : *Proutt! Proutt!*. Mais cette fois, « Proutt » s'écrivait avec deux *t*... On voit sur la couverture de la partition, la bonne tête de M. Fallières, entourée d'angelots qui lancent des fusées.

Un couplet rappelle les différentes récréations des quelques Présidents de la République qui ont précédé Fallières :

**Félix Faure, c'est bien certain,**
**Était grand chasseur par nature**
**Loubet aimait chaque matin**
**A se balader en voiture**
**Grévy raffolait du billard...**
**Fallier's au torse diaphane**
**N'est lui qu'un fervent mélomane**
**Que ravit le bruit du pétard!**

Refrain :

**« Proutt' Proutt' Proutt' Proutt'**
**Musique enchanteresse,**
**Proutt' Proutt' Proutt' Proutt'**
**Explosion d'allégresse**
**Proutt' Proutt' Proutt' Proutt'**
**Brise, souffle et caresse**
**Qu'Armand Partoutt'**
**Pousse avec son Proutt' Proutt' ! »**

Autre refrain plus précis encore :

**« Proutt' Proutt' Proutt' Proutt'**
**Arpèges singulières**
**Proutt' Proutt' Proutt' Proutt'**
**Gammes particulières**
**Proutt' Proutt' Proutt' Proutt'**
**Vals' que Monssu Fallières**
**Nuit et jour goutt'**
**Salut ! gentils Proutt' Proutt'... »**

En 1908, on parlait encore du Pétomane, et Angelin Ruelle, rimeur bien oublié, l'a glorifié dans un ouvrage sur les forains : *A la Foire de Neuilly, silhouettes foraines* :

**Puisque Paris entier te couronna de roses**
**Puisque tu rends sereins les fronts les [plus moroses**
**Dans ton théâtre où court l'électeur [recueilli,**
**Mortel dont le rectum eût réjoui [Boerhave,**
**Puisque ton bruit aigu, profond, sonore [ou grave**

**Éveille chaque soir les échos de Neuilly,**
**(...)**

**Devant ton phénomène au si troublant [arcane,**
**Se pressent le gommeux, suçant l'or de sa [canne,**
**L'artisan, le bourgeois, la marchande [d'amour,**
**Attentifs, l'œil mi-clos, la narine béante.**
**Enfoncés l'homme-nain et la femme [géante !**
**Gloire au seul phénomène : il est le Dieu [du jour ! »**

Le Théâtre Pompadour présenta, jusqu'en 1914, des petites revues et des pièces encadrant le numéro de l'infatigable Pétomane qui se retira en 1914 pour reprendre à Marseille son ancien métier de boulanger. Il mourut à Toulon, en 1945. Selon un récit de Louis Pujol, son fils aîné, la Faculté de Médecine lui avait adressé, vers 1940, une offre de 25 000 francs en échange d'un papier autorisant son autopsie, dès son décès. Ce papier devait être contresigné par Mme Pujol et ses enfants, mais comme tous refusèrent, l'autopsie n'eut jamais lieu.

## QUAND LE PET DEVIENT ORGIAQUE...

Le 26 août 1880, Mlle de Kostrowitzky, fille d'un camérier du pape, donne le jour à un garçon qu'elle prénomme Guillaume, Albert, Wladimir,

Alexandre, Apollinaire. En 1898 : « Kostro », pour les amis, donne quelques poèmes à la *Revue de la Grande France*, mais c'est dans la fameuse *Revue Blanche*, dont l'affiche fut de Lautrec, que l'on découvre la signature de Guillaume Apollinaire (mort en 1918). C'est en 1907 que paraissent les *Onze mille verges ou les Amours d'un Hospodar*. Une œuvre onirique à laquelle un lyrisme pornographique délirant donne une grandeur poétique très inattendue. Les orgies incessantes où s'abandonnent Mony, Prince Vibescu, Alexine Mange-tout, Culculine d'Ancône et quelques comparses très actifs, sont un mélange de rires, de cris, d'injures, de pleurs, d'ordures, de fouets, de baisers, de coïts, de sodomies et de défécations inouïs. L'aspect encyclopédique du traité est remarquable : qu'une nourrice aux énormes tétons soit traite comme une vache et que son lait soit bu, mélangé à de l'urine est un aimable détail, parmi des centaines d'autres.

Le Pet tient, dans ces scènes scabreuses, une place de choix puisqu'il est, souvent, un élément déterminant de l'excitation sexuelle [1].

C'est ainsi que lorsque l'auteur raconte, toujours avec des mots très crus, les ébats du prince et de la belle Toné, aux fesses royales, qui lui résiste un moment, en criant en roumain **« non,**

1. Dans les *Authentiques Mémoires d'une chanteuse allemande* d'auteur inconnu, grand classique de la pornographie « élégante » qui se situe à l'époque romantique, mais qui est périodiquement réédité, un vieillard aux forces très déclinantes, se fait frapper par deux prostituées et **« il suppliait la fille qui le maltraitait rudement de frapper encore plus fort, et il sentait et léchait les ouvertures de l'autre. Parfois, j'entendais un coup de trompette ou le soupir d'un hautbois qui semblait provenir des intestins de la fille que le vieux satyre flairait. Il aspirait les parfums des deux narines »**.

**tu ne me la mettras pas**», il indique que « **Toné se dégagea encore, mais qu'en faisant ce mouvement, elle lâcha un Pet, non pas un Pet vulgaire, mais un Pet au son cristallin qui provoqua chez elle un rire violent et nerveux. Sa résistance se relâcha, ses cuisses s'ouvrirent...** »

Plus tard, Mony encore fait uriner devant lui la charmante Culculine (qui déféquera ensuite) :

« **Elle prit un seau, se mit debout dessus, les jambes écartées, releva son jupon et pissa copieusement, puis, pour souffler les dernières gouttes qui restaient dans les poils, elle lâcha un petit Pet tendre et discret qui excita considérablement Mony.** »

Ailleurs, au cours du récit très détaillé d'une orgie aux multiples acteurs où tous les cas de figures sont décrits, Apollinaire fait péter le laquais Cornebœux mêlé à l'action. Ce brave, en effet, trouve à ce point la situation plaisante « **qu'il lâche deux ou trois bons Pets qui empuantissent l'atmosphère** ».

A un autre moment, Mony fait *feuille de rose* à Hélène qui s'exclame « **Ah ! c'est bon, je sens ta langue dans la raie de mon cul (...) Ah ! tu as fourré ta figure entre mes fesses... tiens, je pète... je te demande pardon, je n'ai pas pu me retenir...**

Une scène de sado-masochisme elle-même, ne saurait se dérouler sans que l'on y pète !

Quand le Tatar fouette la Kellnerine, blond spécimen allemand du Brunswick, robuste cavale parmi les étalons, « **le Tatar secoua d'abord le Knout en l'air, puis leva fortement**

**le bras. Il allait frapper quand la malheureuse Kellnerine, qui tremblait de tous ses membres, lâcha un Pet sonore qui fit rire tous les assistants et le Knout tomba** ».

Il n'est jusqu'au cheval de fiacre « **pétant tout le long du chemin qu'il parfume de façon nauséabonde !** ».

***

Le pet du cheval avait déjà intéressé Jules Renard, (1864-1910) l'auteur de *Poil de Carotte.* Dans ses *Histoires Naturelles,* il décrit ainsi son cheval : « **Il n'est pas beau, mon cheval, il a trop de nœuds et de salières, les côtes plates, une queue de rat et des incisives d'Anglaise. Mais il m'attendrit...** »

Il parle ensuite des soins qu'il lui prodigue :

« **... Je peigne sa crinière, je tresse sa queue maigre. Je le flatte de la main et de la voix. J'éponge ses yeux, je cire ses pies.**

**– Est-ce que ça le touche?**

**– On ne sait pas... Il pète...**

**C'est surtout quand il me promène en voiture que je l'admire... Il me fait peur, il me fait honte et il me fait pitié. Est-ce qu'il ne va pas bientôt se réveiller de son demi-sommeil, et, prenant d'autorité ma place, me réduire à la sienne? A quoi pense-t-il?**

**Il pète, pète, pète...** »

***

En 1908, le poète pompier Léo More publia un recueil de poésies opportunément intitulé *Priapées.*

Le *Mercure de France* régala ses lecteurs d'un court poème, extrait de cet ouvrage : *Mélopée Saumâtre* :

**« Tes boyaux sonneront des fanfares**
**Et sous mes longs grattements désormais,**
**Tes nerfs séchés feront des cordes rares**
**Et ces cordes ne péteront jamais!**

**Après avoir sur ton intestin grêle**
**Raclé longtemps un accord libertin,**
**Ton beuglement d'une vache qui vèle**
**Tonitruera sur ton gros intestin... »**

## LE PET EN GUERRE

Louis Ferdinand Destouches, dit Céline (1894-1961), avec *Voyage au bout de la nuit, Mort à Crédit,* ou *Bagatelle pour un massacre* (© Gallimard), a fait littéralement exploser, péter, pourrait-on même dire, la langue française, par son emploi, très travaillé, du langage parlé, souvent argotique. Il accomplit son service militaire chez les cuirassiers, engagé volontaire au 17e Régiment de Cavalerie Lourde, peu avant la guerre de 1914. Il en « cause » dans *Casse-Pipe* où hommes et chevaux « loufent » à qui mieux mieux :

**« Quoi ils ont becté, ces ours?... Je vous demande un petit peu... Des feux de Bengale? Jamais qu'ils ont tant foiré, loufé, saccagé! (...) Ça devenait tocard comme gîte... Ils pétaient à tire-boyaux les ratatinés, en plein**

dans le tas, tant que ça pouvait, des vraies rafales bombardières à plus entendre même l'écurie... (...) " La Zéphyrine " et le " Petit Four "... Futés comme des Pets, mon ami! Vlouf! (...) Ah! Le Meheu! Dis donc, l'ordure!... Taillé comme un Pet! C'est pas du flan! Une vraie loufe! L'Arcille qu'a raison! (...) Le mien d'ancien, Le Croach Yves, il avait pas son pareil question d'asphyxie. Ils existaient pas les autres à côté de lui comme pétomanes. Il stupéfiait. Fallait voir ce qu'il amenait comme loufes à volonté, comme rafales de gaz fantastiques. (...) Au pansage qui durait des heures, ça l'environnait comme d'un nuage. Personne pouvait l'approcher, même son gaye qu'en était malade, qui retroussait drôlement les babines, qui reniflaient affreux. Fallait se tenir à distance : à quinze pas au moins. Il était reconnu comme champion. " Haricot " qu'ils l'appelaient les autres en plaisanterie. Y avait pas que l'odeur disgracieuse chez lui, sa figure aussi qui rebutait, une vraiment laide, rébarbative, des mâchoires d'une épaisseur, larges, remplies, renflées, mastocs comme des bâches et puis sur le rebord des grandes croûtes, des pustules qu'il écorchait vif. Il arrêtait pas. »**

## SACHA GUITRY FAIT APPLAUDIR LE PET

Sacha Guitry (1885-1957), auteur-acteur, cultivait la réplique et le mot au balcon (de son théâtre) comme d'autres font pousser les fleurs sur le rebord de leur fenêtre.

Il ne pouvait oublier le Pet. Ainsi, dans *l'Illusionniste,* représenté en 1924, plaisante-t-il le Pétomane, au premier acte de la pièce :

**« Gosset : – Ce n'est plus du tout la mode des hommes serpents !**
**Paul : – Ça fait vieillot peut-être ?**
**Gérôme : – C'est comme les pétomanes, d'ailleurs...**
**Paul : – Vous n'aimez pas les pétomanes, vous ?**
**Gérôme : – Oh ! Je ne peux pas les sentir !... »**

Cette réplique, très faible pour un homme d'esprit comme Guitry, faisait pourtant beaucoup rire le public. Tant et si bien que dans le même acte, Guitry récidive, à propos d'une femme qui remplace le Pétomane :

**« Paul : – Est-ce qu'il y a longtemps qu'elle est au programme ?**
**Gosset : – Depuis deux jours... Elle remplace le pétomane qui s'est blessé.**
**Paul : – Allons donc ? En travaillant ?**
**Gosset : – Oui ! Encore un qui voulait trop bien faire. »**

***

C'est sans doute le succès de *L'illusionniste* qui inspira à Roger Vitrac une pièce où l'on pète : *Les Enfants au pouvoir.*

Selon André Breton lui-même, dans son premier *Manifeste du surréalisme,* Roger Vitrac (1899-1952) est de ceux qui ont fait acte de « surréalisme absolu ». Poète à ses débuts,

Vitrac devient très vite auteur dramatique après avoir fondé, avec Antonin Artaud, Le Théâtre Alfred-Jarry. Ce fut une des raisons essentielles de sa brouille avec Breton qui, dans son second manifeste, en 1928, dénonce Vitrac pour être devenu « un souillon des idées (...) dont l'idéal au théâtre fut d'organiser des spectacles qui puissent rivaliser en beauté avec les rafles de police ».

N'empêche qu'en décembre 1928, quand Vitrac présenta au Théâtre des Champs-Élysées *Victor ou Les enfants au pouvoir*, le succès fut immense pour cet auteur dont Artaud dit qu'il participa à la « désagrégation de la pensée moderne » et dont Anouilh ajouta que son œuvre « est du très bon Feydeau, écrit en collaboration avec Strindberg ».

Dans *Victor ou Les enfants au pouvoir*, Vitrac a mis en vedette le personnage d'Ida Mortemart qui, pendant la scène du deuxième acte, exprime les angoisses d'une jolie femme incapable de retenir ses Pets [1] :

**Ida – (se levant) :**

**« – Pourtant, je suis belle, je suis aimée, et je suis riche... J'ai quinze immeubles à Paris, un château dans le Périgord, une villa à Cannes. J'ai quatre automobiles, un yacht, des diamants, des perles, des enfants. J'ai un mari, le banquier Théodore Mortemart, et personne n'a rien à m'envier... sauf le pétomane de L'Eldorado ! »**

1. Le thème de la jolie femme qui ne peut se retenir contient une évidente charge érotique. On pourrait lui trouver probablement des résonances freudiennes, liées à l'homosexualité... Ce thème, quoi qu'il en soit, séduira plusieurs auteurs. On le retrouvera notamment au cinéma (cf. *les Nouveaux Monstres*).

## LES FARCES ET ATTRAPES

Au palmarès de la fine plaisanterie de salon, le Pet tient son rang depuis longtemps : il est à l'éventaire de tous les bons marchands de farces et attrapes qui proposent trois sortes de Pets. Celui qui sent et qui s'obtient par la boule cholérique : « **Les boules cholériques sont celles dont se servent MM. les farceurs pour répandre dans la salle une odeur infecte. Jetées à terre, elles dispensent un effet en se brisant, une odeur à peu près comparable à celle qui se dégagerait de cent quarante-quatre soupapes humaines accidentellement et simultanément entrouvertes ! L'emploi concomittant du pétophone n° 543 complète absolument l'illusion !** » (Extrait du catalogue de la maison H. Billy, 8, rue des Carmes, Paris 5e, 1920.)

On vous vante ensuite celui qui fait du bruit, artificiellement. Les établissements du Record du Rire, 9, boulevard Saint-Martin, Paris 3e, circa 1925, vous suggèrent, à 1 F 50, leur n° 592, le siège musical : « **Ce petit appareil très robuste se place sous un siège quelconque au moment où une personne va s'asseoir. L'effet produit est toujours du plus haut comique, car un cri bizarre, ressemblant à une corne d'auto, retentit sous le derrière de votre victime. Vous pouvez être très assuré qu'elle se relèvera immédiatement et détalera à toutes jambes (grand succès).** »

Une variante du même catalogue est celle du **Pétomane**, recommandé aussi par Billy. « **Avec cet appareil ingénieux, on imite parfaitement, et avec la plus grande facilité, toute la gamme des sons intimes, depuis le Pet tout guilleret du clerc de notaire, jusqu'au Pet large et grave de l'Auvergnat. L'appareil se dissimule très bien dans la main. Pressez doucement l'ouverture contre la paume légèrement humide. (Nouveauté à grand succès! la pièce 2,25.)**

**Le coussin, « de forme spéciale que l'on gonfle légèrement à la bouche, se pose, lui, sur un siège après qu'on l'a dissimulé par un moyen quelconque (...) Le simple fait de mettre son derrière sur le coussin déclenche un concert bien connu des amateurs de haricots. Rigolade monstre dans une réunion de famille, un bal, un théâtre, un cinéma, etc. 6 F ».**

La troisième catégorie de Pets est celle que l'on obtient de « l'intérieur » même de la victime par le **Bonbon pétomane.**

**« Pour faire péter! Offrez un ou deux de ces bonbons excellents et inoffensifs à un de vos amis et vous assisterez à une séance de musique fin de siècle. Impossible de résister. Il faut qu'il pète! Prenez alors un air de compassion devant cette infirmité soudaine et offrez à votre ami un demi-verre d'eau pour l'en débarrasser. Aussitôt, le bombardement redoublera de violence! Farce épatante. La boîte 0,75. »**

Aux bonbons, on peut préférer la poudre, la douzaine de sachets 5 F, le kilo 70 F!

Affinant un peu plus leur approche du client, les établissements P.S., 14, rue du Temple, à Paris, dans le catalogue de 1939, présentent les mêmes articles, mais en vers... ainsi :

Le **Pétaphone** :

**Deux disques bois verni montés sur [élastique,**
**Pressez dans votre paume : bruits [caractéristiques... »**

la douzaine ........................... 44 F

La **Poudre pétomane** :

**« Dans un liquide chaud, un petit peu [suffit**
**Pour provoquer des prouts expulsés avec [bruit... »**

la douzaine de sachets ............... 5 F
le kilo ................................ 70 F

Le **Coussin pétomane** :

**« Honteux, confus, le rouge cramoisi**
**Empourpre mon visage! Sur quoi m'a-[t-on assis? »**

petit modèle ........................... 36 F
grand modèle .......................... 54 F

**Bonbons pétomanes** :

**« Le malheureux ami, honteux et affolé,**
**Se demande s'il rêve! Mais non... il a [pété! »**

la douzaine de sachets .............. 6 F
le kilo, en vrac ...................... 18 F

## LE PET MONDAIN

Célèbre par son talent, Réjane le fut aussi par la « suavité » de son haleine. Certains jours, on parlait d'elle entre boulevardiers.

**« Je l'ai justement vue hier, dit un premier; je l'ai reconduite chez elle en voiture.**
**– En voiture fermée? s'étonna le second.**
**– Mais oui!**
**– Quel courage!**
**Alors l'autre, sans sourciller :**
**– Bah! c'était supportable... je pétais un peu, de temps en temps, pour changer l'air!... »**

(*Les Hommes du Jour*. 7 novembre 1908.)

***

Sylvain Bonmariage, directeur du *Mercure des Flandres*, fut l'ami de Willy et de Colette (1873-1954), cette dernière, passionnée de chats et de boules de sulfure (elle en possédait une collection unique), auteur de la série des *Claudine*, de *Chéri*, de *Ces plaisirs*, etc.

Bonmariage fit paraître en 1954, l'année même de la mort de la malicieuse, très fine et talentueuse académicienne Goncourt, un gros volume intitulé : *Willy, Colette et moi...*

Il y révèle (page 99) le goût étonnant de Colette pour certains jeux bruyants qu'elle appelait des « marrons ».

Sylvain Bonmariage était jeune et séduisant, Colette aussi... Il en tomba amoureux. La sachant seule à Bruxelles où l'on jouait *Pan*, il prit le train de nuit, débarqua à Bruxelles à neuf heures du matin et se précipita à l'*Hôtel du Grand Miroir* où Colette le reçut dans sa chambre, au lit...

« **Nous bavardâmes. L'accent bourguignon me faisait frémir, Colette couchée et moi assis au bord du lit... Soudain, Mme Colette s'étire, rejette les draps, saute comme un jeune jaguar et surgit toute nue devant moi ébahi... Il n'y avait pas de cabinet de toilette. Un paravent (le bien nommé) séparait le lavabo et le bidet du reste de la pièce. Et c'est derrière ce paravent qu'elle se réfugia... Soudain, l'eau cesse de couler. Et je sursaute au bruit d'un pneu qui crève. Colette rit et annonce ; " Un marron ! " Nouveau rire, nouveau bruit : " Deux marrons ! " Puis de même : " Trois marrons ! " Enfin, dans un éclat d'hilarité : " C'est plus fort que moi. Ce plaisir de te revoir ! Faut que j'pète ! Quatre marrons ! " Il n'en fallut pas cinq pour me dégoûter complètement !** » ajoute très galamment M. Bonmariage.

***

On prête à Clemenceau (1841-1929) ce mot cruel sur Georges Mandel (1885-1944) qui fut son chef de Cabinet en 1917 : « **Quand je pète, c'est lui qui pue...** »

Clemenceau voulut-il marquer par là une forme de mépris royal pour son collaborateur, ou désira-t-il donner du rôle de chef de Cabinet (homme à tout faire d'un ministère) la véritable dimension [1] ?

On pense irrésistiblement au Ménin, ce gentilhomme attaché à la personne du Dauphin qui recevait la fessée quand son maître avait fauté !

***

Toujours dans la sphère politique, citons *Le Rire*, daté du 5 mai 1934 :

**« M. Bonnevay, qui préside aux destinées de la Commission du 6 février, est, s'il faut en croire Léon Daudet, atteint d'un mal qui le pousse à s'exhaler, fréquemment, et de façon malodorante, par les voies inférieures. Dernièrement, un journaliste lui confiait quelque chose sous le sceau du secret : " Et surtout, ne l'ébruitez pas ", dit-il. " Heu ! " répondit M. Bonnevay dans un souffle. »**

***

De Jean Cocteau (1889-1963), *Le Passé défini*, 1953, second volume de son journal (Gallimard 1990), révèle, à la date du 24 juin au soir :

**« La Princesse Murat avait épousé Charles de Chambrun. Ils étaient l'un et l'autre sur le**

1. Cet emploi « politique » du Pet avait un précédent : sous la Restauration, le député de Toulouse, M. de Puymaurin, qui passait pour rechercher les traits d'esprit, ne résista pas à celui-ci, concernant le député de la Côte d'Or, M. Pétou, qui fut très bavard à certaine séance du Parlement. **« Ah ça, dit, M. de Puymaurin, il faut toujours que M. Pétou parle ? »**

**retour. A un dîner chez eux, elle lâche un Pet. Chambrun, qui parlait avec sa voisine, se tourne vers elle : « Taisez-vous, Marie, vous parlez toujours pour ne rien dire ! »**

***

Claude Dauphin, spirituel comédien, au cours d'une soirée huppée dansait avec une dame du monde à qui échappa un Pet.

**« J'espère, Monsieur, que cela restera entre nous », dit-elle confuse.**

**« Au contraire, madame, répondit Claude Dauphin, je préférerais que ça circule ! »**

***

A un dîner mondain, Paul Valéry fit un petit Pet, puis il tenta de faire confondre le bruit avec celui de sa chaise qu'il remua. Son voisin lui glissa à l'oreille : **« Cette fois-ci, monsieur Valéry, la rime était très difficile ! »**

(*Dictionnaire des idées épinglées* de Daniel Percheron, 1980.)

***

A un questionnaire indiscret de *L'Evénement du Jeudi*, 10 septembre 1987, demandant à quelques personnalités, quel était leur parfum favori (« Le nez du Show-biz »), l'artiste plasticien Ben répondit :

**« J'aime tout ce qui sent la femme (...) J'aime l'odeur de mes Pets... »**

Un connaisseur...

## L'AVIS DE PAGNOL

Grand maître du rire, l'écrivain et cinéaste Marcel Pagnol (1895-1974), auteur de comédies (*Topaze, Marius, Fanny*), de souvenirs ou de films (*Angèle, la Femme du boulanger*), écrivit en 1947 des *Notes sur le rire*, où, à propos du Pet, il affirme : **« Le plus grand succès de rire est toujours obtenu par les fonctions digestives et sexuelles. »**

Parlant des **« gauloiseries »** d'Armand Silvestre, il évoque **« le vaillant capitaine, qui revenant de la guerre chargé de lauriers, veut séduire l'appétissante bourgeoise ».**

**« Que fait-il?** demande Pagnol, **envoie-t-il des cadeaux? Donne-t-il une sérénade? Écrit-il un poème? Non, il pète, longuement, et à grands échos : il la séduit. (...)**

**Ces contes ont fait la joie de nos grand-mères, qui les lisaient en cachette, et se les prêtaient sous le manteau. Il est vrai qu'ils ont, encore aujourd'hui, une puissance comique très considérable : nous regrettons d'en rire, mais nous en rions... »**, conclut l'académicien.

## LE PET À LA BIBLIOTHÈQUE DE LA GARE

Dans les années qui ont précédé et suivi la dernière guerre, étaient vendus, dans les bibliothèques de gare, de petits recueils qui se prétendaient légers. Ils étaient parfois illustrés par André Dubout.

Il s'agissait le plus souvent de blagues ressassées ou vaguement réadaptées, pas toujours légères, dont beaucoup parlaient du Pet, ainsi, celle-ci, aux Éditions de Paris, 1947 :

**M. Durand traverse la place de l'église. Il est seul et se laisse aller à faire un petit bruit – un seul – mais très net.**

**A ce moment, l'horloge sonne une heure.**

**– Tiens, remarque M. Durand, je vais avec la ville.**

**Au théâtre, un monsieur lâche un vent empesté. Un véritable boule puante. Alors son voisin lui tape cordialement sur l'épaule et lui dit :**

**– Vous avez bien fait de le lâcher. Il commençait à se gâter.**

**Un monsieur rote. Son voisin pète aussitôt et dit :**

**– Le même, vu de dos!**

**– Allô... Allô, qui est-ce? demande la vieille dame.**

**– C'est un employé du téléphone chargé de vérifier votre appareil. Voulez-vous parler, madame, et dire par exemple : « Ce monsieur est le vérificateur. »**

**– Ce monsieur est le vérificateur.**

**L'homme fait dire sur plusieurs tons à son interlocutrice la même phrase, puis la fait siffler. L'autre s'énerve un peu.**

– Une dernière expérience, voulez-vous?
– Soit, mais c'est la dernière! Que dois-je faire encore! demande la vieille dame.
– Voulez-vous, madame, péter dans l'appareil, finit par dire le farceur.

Dans un bal, une charmante gazelle dansait avec une ardeur si remarquable que son cavalier murmura :
– Quelle pétulance!
La jeune fille, indignée, répliqua :
– Depuis quand me tutoyez-vous?

– Pourquoi les Pets sentent-ils mauvais?
– C'est pour que les sourds en profitent, observait Fernand Vandérem.

M. Untel dicte son courrier. Il marche de long en large.
Mlle Lisette, sa secrétaire, sténographie les précieuses paroles.
Soudain M. Untel fait un petit bruit, involontaire. Mlle Lisette, polie, feint de n'avoir rien entendu. Mais voilà M. Untel qui répète le même bruit. alors Mlle Lisette dit, très calme :
– C'était inutile, monsieur, j'avais bien entendu.

Tom et Toto jouent à cache-cache. Tom « y est ».
Toto cherche une nouvelle cachette. Soudain, une idée de génie traverse son jeune cerveau. Il se cache sous la robe de sa grand-mère, une vieille douairière. Et il crie :
– Coucou!

Tom entre, cherche, cherche... Soudain il aperçoit, entre les jupes de sa grand-mère et le sol, le nez de Toto sur lequel il se précipite.

– Tu ne m'aurais jamais attrapé, s'écrie Toto, si Grand-mère n'avait pas pété!

Dans la rue.

Un gros monsieur marche gravement et, sans doute se croyant seul, il laisse entendre un bruit extrêmement prolongé.

– Gâcheur! crie un gavroche qui suivait.

***

On raconte aujourd'hui:

Un automobiliste s'arrête à une station service.

– De l'essence? demande le pompiste...

– Oui, répond l'automobiliste, mais le fond d'un verre, pas plus...

Le pompiste verse un demi-verre d'essence dans le réservoir et s'inquiète de l'huile...

– Oui, répond l'automobiliste, mais un dé à coudre, hein, pas plus...

Le pompiste verse son dé à coudre et, machinalement, pose encore une question concernant l'eau du radiateur...

– Oui, répond encore l'automobiliste, mais deux gouttes alors!

– Et les pneus? enchaîne le pompiste excédé, vous voulez pas que je pète pour les gonfler?

Un artiste de variétés se rend chez un imprésario en prétendant refaire le numéro du pétomane.

**– Voyons ça, dit l'imprésario, je vous écoute...**

**L'artiste baisse le pantalon, soulève la jambe et, manquant son Pet, souille néanmoins la moquette.**

**L'imprésario se fâche, traite l'artiste de cochon et le chasse.**

**L'autre s'en va, en maugréant :**

**– Si on ne peut plus s'éclaircir la voix maintenant...**

**Dans une soirée entre pédérastes, l'un d'entre eux lance l'idée d'un concours de... Pets et chacun, à tour de rôle, s'exécute, mais de façon plus ou moins... chuintante, plutôt sourde, mollasse...**

**Le dernier, pourtant, lance un Pet claironnant, fort, haut perché et le chœur des pédérastes de se tourner vers lui, plutôt méprisant, et de laisser tomber, du bout des lèvres : « puceau, va... ».**

## DU MAUVAIS USAGE DU PET

Celui de Georges Fourest (1864-1945), l'impérissable auteur de la *Négresse Blonde* (1909) et du *Géranium Ovipare* (1935), l'iconoclaste qui a dynamité joyeusement la littérature française dans ce qu'elle comporte de plus convenu, de compassé, voire de sacré. (Il est impossible de considérer du même œil les grands classiques quand Fourest les a croqués, comme croquent à la fois l'ogre et le caricaturiste, en quelques vers. Son résumé du *Cid* crépite comme la rafale d'un peloton d'exécution.)

Il n'aurait pas fallu que ce génie parlât du Pet comme il le fit dans son poème du Banquet Paul Verlaine :

**« Va donc mufle, va donc tapette !**
**Tas de marlous, tas d'avachis !**
**Ta gueule est mon cul quand je pète... »**

***

Celui de Dali (1904-1989), lui-même, dans les *Cocus du Vieil Art Moderne*, (Fasquelle, 1956), où il dénonce le Peintre Piet Mondrian : « ... **des critiques complètement crétins ont employé pendant plusieurs années, le nom de Piet Mondrian comme s'il représentait le summum de toute activité spirituelle. (...), Piet pour le mysticisme, Piet pour la philosophie, les blancs de Piet, les jaunes de Piet, Piet, Piet, Piet... Piet, Piet, Piet, Piépié, Pitité, Pié. Eh bien ! Piet, c'est moi Salvador qui vous le dit, avec un « i » de moins ce n'eût été qu'un Pet ! »**

***

Celui du vulgaire Jean-Edern Hallier (Document « *Figaro-Magazine* du 9 avril 1988), beaucoup plus vulgaire que celui qu'il dénonce en ces termes :

**« Coluche eut une sorte de génie (...) celui de rabaisser l'humanité (...) et de lui renvoyer le miroir de sa propre vulgarité.**

**Elle a eu des enfants parce qu'elle ne pou-**

**vait pas avoir de chien, s'écriait-il d'une voix anale. Notre déchéance (...) vient de loin, elle date de la Belle Époque où les gens d'argent découvrirent que le pétomane, un Italien au ventre gonflé au haricot rouge de la plaine du Pô, remplissait les salles mieux que la grande tragédienne Sarah Bernhardt (...) Leur note à eux, leur moment d'extase auditive, pas de mi bémol, le Pet, la soufflerie de leur âme. »**

L'hôpital se moquant de la Charité...

***

Celui du talentueux fantaisiste, Pierre Desproges, qui nous avait habitués à mieux (extrait d'une critique télévisuelle de *L'Événement du jeudi*, 31 décembre 1988).

**« Patrick Poivre d'Arvor a l'air de penser quand il parle. Mais cela lui confère à peine une once de supériorité sur Patrick Sabatier qui a l'air de parler quand il pète... »**

***

Celui du journaliste Bruno Masure, dans son bel ouvrage *A pleins tubes*, où après avoir donné le ton avec ce superbe conseil : **« Mangez des raviolis et votre mari sera ravi au lit »** *(sic)*, il n'hésite plus et lâche : **« Lisez les œuvres complètes de Marcel Prout, dans les éditions de la Péïade ! »** On croit rêver !...

## LE PET, C'EST NON SEULEMENT CREVER LA TOILE, MAIS AUSSI CREVER L'ÉCRAN DE CINÉMA

*1972 :*

*La Grande Bouffe*, film de Marco Ferreri, Palme d'or à Cannes, avec Michel Piccoli, Ugo Tognazzi, Marcello Mastroianni, Andréa Ferréol, Philippe Noiret.

Un groupe d'amis décide de se suicider en mangeant. Michel Piccoli, Michel dans le film, a une attaque en jouant du piano. Il pète sur la dernière note, il force un peu, fait un Pet de plusieurs secondes, le module et meurt.

*1978 :*

*Les Nouveaux Monstres*, film à sketches de Mario Monicelli, Dino Risi et Ettore Scola, se termine par l'Éloge funèbre qui montre l'enterrement d'un comique.

Autour de sa tombe sont non seulement réunis des artistes amis, mais son partenaire de scène très ému (Alberto Sordi) qui jouait le faire-valoir. Le survivant prononce l'éloge du défunt, au milieu des pleurs, puis, évoquant du passé les moments heureux des triomphes du music-hall, imite fugacement son ami. Les pleurs redoublent, puis cessent peu à peu, pour faire place à quelques rires.

L'orateur, un instant surpris, sent qu'il est encouragé et le délire commence. Il refait entièrement le numéro comique, ponctué d'onomatopées et de Pets plus ou moins longs qui libèrent complètement l'assistance.

C'est un triomphe et l'enterrement se termine sur une sarabande endiablée : le Pet a vaincu la mort.

*1981 :*

Jean Girault tourne *La Soupe aux Choux* (1981) avec Louis de Funès, Jean Carmet et Jacques Villeret (extrait du roman de René Fallet, cité *ante*).

*1982 :*

*Les Derniers Monstres.* Dino Risi met en scène un sketch plus « centré » sur notre sujet. Dans *Lady Jane*, un accompagnateur mondain passe une soirée avec une comtesse pétomane qui se laisse partout aller. Le comique naît, puissant, de son élégance pleine de retenue affrontée à ce manque de retenue. A la fin, l'accompagnateur pète aussi parce qu'il est devenu amoureux et que lorsqu'il est amoureux il ne peut, lui aussi, s'empêcher de péter...

*1983 :*

Pascuale Feste Campanile met en scène *Le Pétomane*, inspiré de la vie de Pujol. Ugo Tognazzi joue le rôle principal.

*1985 :*

Eddy Murphy, dans *Un fauteuil pour deux* (1985), découvre les vertus du jacusi :

**« A la maison, quand on voulait avoir des bulles, on était obligé de péter dans le bain. »**

## ON PÈTE DANS LES JOURNAUX, À LA RADIO, À LA TÉLÉVISION...

De nos jours, le substantif « Pet » et le verbe « Péter » ne choquent plus qu'une minorité de Français, et sont couramment employés dans les journaux.

Le 13 janvier 1987, le journal *Libération* publiait une lettre de lectrice qui raconte une histoire de Pet :

**« Aulnay-sous-Bois, 7 janvier 1987.**

**Cher Libé, il y a tant de raisons pour que tu ne publies pas mes lettres :**

**Je n'ai pas de machine à écrire (minable !) et j'écris mal. Je vais faire un effort.**

**Je ne suis ni ado, ni junkie, ni étudiante depuis longtemps (34 ans) ni chômeuse.**

**Je vis en banlieue au milieu de mes mouflets (3) et de mon mari (un seul) et m'en contente... heureusement, il y a les fantasmes. Une récente mésaventure m'a fait découvrir un principe fondamental de la cohabitation hétérosexuelle.**

**C'était un de ces soirs comme toujours où monsieur roupille depuis deux bonnes heures alors que je vaque encore aux occupations ménagères. C'est chiant, mais faut ! Fourbue, je me glisse – enfin ! – entre les draps. (...)**

**Effondrée à plat ventre, voici donc que je sens une cuisse chaude, poilue, serpentine qui entreprend d'escalader mes parties les plus charnues. « Non, pas ce soir... », gro-**

**gné-je dans un semi-coma. « Arrête, arrête, ou je pète. » La cuisse poilue continue sa sournoise reptation. « Arrête ou je pète », je préviens en rigolant... « Arrête ou je pète... », je préviens en pouffant. La bestiole, accompagnée de ses deux pendeloques, se positionne stratégiquement à mes arrières. Je l'aurai prévenu ! Je pouffe de rire. Lui pas... Furieux, il gicle hors du lit en râlant, chope son oreiller d'une main vengeresse et file se coucher en fulminant sur le matelas du séjour.**

**Toutes mes promesses de grand jeu pour demander pardon restent vaines. Rien n'y fait. Il passe la nuit à côté. J'ai bien dormi seule et en paix quoique j'aie eu un peu froid. Mais j'ai découvert cette vérité première et essentielle : Les mecs ont horreur qu'on leur pète dans les couilles. Signé Calamity Ann. »**

***

En 1989, *Le Figaro* publiait l'interview d'une vedette de l'écran, Robert Mitchum. J.P. Lenôtre lui demanda : « A soixante-douze ans, vous êtes dans une forme physique étonnante. Comment faites-vous? Vous faites de l'exercice ? »

Robert Mitchum répondit :

**« Oui, je tousse beaucoup. Je me rappelle, il y a quelques années, j'avais rendez-vous avec Gina Lollobrigida, j'étais tout bronzé et je sortais de la piscine de Beverly Hills Hotel. Elle m'a posé la même question. Pour rire, je lui ai répondu que je pratiquais la pétothérapie intensive. Elle n'a pas eu l'air de**

**bien comprendre ni d'être choquée. Au point que, quelques jours plus tard, au Johnny Carson Show, à la télévision, elle l'a répété sans complexes. »**

*
* *

Un certain Batave du nom de Bert Dronkers, plus connu en Hollande sous son sobriquet du **« gourou de la Marijuana »**, et dont les enfants de 19 et 21 ans **« fument pour son plus grand bonheur »** *(sic)*, a été interviewé le 29 juin 1990 par *Libération* à propos des facilités de son négoce aux Pays-Bas : **« Parce que notre pays est aussi petit et vif qu'une souris, nous pouvons changer rapidement les lois, les appliquer, expérimenter, comme c'est le cas avec la vente libre du hash. La France c'est un mammouth qui se traîne quand il se déplace. Ainsi, quand on lâche un pet dans le Midi, il faut dix ans pour qu'on l'entende enfin dans le nord du pays. »**

*
* *

**« L'un croyait que la Soufrière allait péter, l'autre qu'elle ronronnait. »**

*L'Événement du Jeudi* du 5 juillet 1990 présente ainsi les prémices d'un affrontement entre le directeur de l'Institut de physique du globe et un volcanologue célèbre. La querelle s'enfla et aboutit en correctionnelle au terme d'une basse affaire de diffamation. Les débats font l'objet de l'article.

La Soufrière est ce volcan éteint de la Guadeloupe dont, en 1976, le volcanologue avait dit que ses borborygmes n'étaient rien : **« à peine un Pet »**, précise la journaliste qui poursuit que, par contre, pour le directeur de l'Institut, **« le Pet avait une tête de mauvaise nouvelle »**.

Les deux spécialistes ayant eu donc ensuite des mots (grossiers), des plaintes ont fusé.

Les plaidoiries tonnent maintenant dans le prétoire et, conclut la journaliste, c'est **« la verrière du palais de Justice qui a pété... »**.

***

Il en est de même à la télévision et à la radio où le Pet est devenu monnaie courante...

Sur *Canal Plus,* pendant un an, on péta joyeusement dans l'émission des « Nuls ». En 1978, le regretté Bruno Carette créa le personnage de Mizou-Mizou, pétomane farceur, vêtu à la façon du grand Pujol, qui s'exprimait inopinément ou interprétait des mélodies. Ses pétarades faisaient même l'objet de concours entre spectateurs du plateau, invités à reconnaître un air du Top 50 et à faire **« prout »** quand ils l'auraient reconnu. Un concours était ouvert aux pétomanes en herbe.

Bien entendu, il s'agissait d'un trucage, Bruno Carette ayant beaucoup de talents, sauf celui de péter à la commande.

Chantal Lauby, Alain Chabat et Dominique Farrugia n'entendent pas prendre la relève après le décès de leur compagnon, le 8 décembre 1989.

***

Anecdote diffusée sur l'une de nos chaînes de radio en septembre 1989, un dimanche matin :

il s'agit d'une femme qui se plaint de péter constamment, au moindre effort qu'elle fait. « **Heureusement**, ajoute-t-elle, **que ça ne sent pas!** »

Elle en est très gênée et ses amis lui conseillent de consulter un médecin.

Elle va voir un praticien à qui elle explique son malheur. Enfin, malheur? Pas tout à fait, puisque, précise-t-elle encore, « **heureusement ça ne sent pas!** ».

Le médecin voulant provoquer chez elle un effort, lui demande de monter sur un tabouret proche. Ce qui devait arriver, arrive. Elle pète fortement.

– **Je vois, je vois**, dit le médecin. **Nous allons mettre au point un traitement, mais en deux parties. Nous commencerons par vous soigner le nez...** »

***

Le 19 mars 1990, dans l'émission de variétés des « Inconnus » sur *Antenne 2*, un sketch montrait une dizaine de personnes se précipitant, hommes et femmes, dans l'ascenseur d'un building. Ils s'entassent en annonçant leur étage, 125$^{e}$, 75$^{e}$, 90$^{e}$, 40$^{e}$, etc. L'ascenseur se ferme-t-il à peine, que retentit un Pet! Aussitôt, les mêmes voix s'empressent d'annoncer: 1$^{er}$ étage, 1$^{er}$ étage, 1$^{er}$ étage...

***

Le 25 juillet 1990, sur *M6*, (portraits d'artistes. Puppets created by Luck and Flaw) :

Le dialogue s'engage entre un présentateur de

télévision et Dustin Hoffman qui porte une salade (légume) sur la tête.

Le présentateur : « **C'est moi, vous vous demandez si je sens aussi mauvais que j'en ai l'air. C'est le jeu de la semaine. Plus tard nous parlerons de nouveaux films. Passons au sujet de la semaine. « La laitue » de Dustin Hoffman qui vous vend ses salades.** (S'adressant à Dustin) **Dustin, parlons du futur et faisons semblant d'être amis.**

Dustin Hoffman : **Bon, sans trop déflorer le sujet, je peux dire que quelque chose arrive, puis autre chose, et voilà...**

Le P. : **Tu pourrais peut-être nous en dire un petit peu plus?**

D.H. : **Je suis une carotte qui veut devenir une salade et pour cela, je dois me déguiser en laitue.**

Le dialogue se poursuit sur ce ton, puis il est question du prochain film d'Hoffman.

D.H. : **Mon prochain grand rôle, ce sera un Pet de chien. Je passe tout mon temps libre dans un sphincter de chien pour sentir le rôle.**

Le P. : **Est-ce désagréable?**

D.H. : **Oui, pour le chien!** »

***

« Culture Pub » de *M 6* dans un « Spécial Cannes » du 19 juin 1990, a donné « *10 ans des meilleures publicités du monde* ».

Présenté au festival de Cannes 1987, dans une sélection mondiale des meilleurs spots publicitaires, celui (scandinave) des pilules Samarin, met en scène une dizaine de personnes prenant un ascenseur. L'une d'entre elles pète fortement. Ce sera le seul bruit du spot, par ailleurs muet et sans accompagnement musical. Une dame, sur qui la caméra focalise sans que l'on sache si c'est elle qui a pété, sort son mouchoir et s'en tamponne délicatement le nez. Le slogan s'inscrit aussitôt, muet, lui aussi :

« **Listen to your stomach before others have to** » (Écoutez votre estomac avant que les autres ne l'entendent).

***

Le 25 juillet 1990, *A 2*, « *Carte Blanche* » à Bernard Rapp : « Et vous trouvez ça drôle ? »

Divers sketches internationaux, noirs, roses, érotiques, ou politiques. L'un deux : « Les Pets ». Une parodie de publicité : Deux hommes sous une tente. Torse nu. Quand le premier se désodorise les aisselles, avec une bombe aérosol, le second l'interpelle et lui recommande plutôt son produit. Une autre bombe, dont il fait immédiatement la démonstration. Un coup sous le bras droit, un coup sous le bras gauche, avec deux grands bruits de Pets à chaque vaporisation.

Le sketch se termine sur présentation d'un logo de chaîne télé, « Canal C » comme Cul, parce qu'en même temps l'on voit un postérieur, plein écran, qui fait un énorme Pet.

## LE PET CONFONDU...

Boris Vian (1920-1959), l'auteur de *l'Équarrissage pour tous,* de *l'Écume des jours* et de *J'irai cracher sur vos tombes*, le sympathique imposteur, l'amateur de canulars, le jazzman, le transcendant satrape du Collège de pétaphysique, qui mêla avec talent provocatoire sciences, pornographie et poésie, étonne par sa subite retenue quand il écrit dans *En avant la zizique* (1966) : **« Accordons à 1900 et aux années d'alentour, le monopole de la merde et du Pet, fût-il français. Est-ce qu'on tolérerait un pétomane sur scène aujourd'hui ? Je ne sais pas ! Je crois pouvoir espérer que non... »** Cette réflexion, navrante d'un côté, est utile de l'autre parce qu'elle permet de faire une mise au point :

Il y a, en effet ici, regrettable confusion entre l'excrément et le Pet. Cette confusion décevrait peut-être de la même manière chez un autre qui rejetterait le sexe sous prétexte d'urine [1].

Boris Vian se rattrape, pourrait-on dire, par cette amusante présentation de l'accordeur de haricots : **« c'est un monsieur qui se promène dans la rue, l'oreille au vent... et aux vents... Il écoute péter les gens et il leur propose ses services s'ils ne pètent pas juste... »**

1. Cette confusion est celle de Fréhel, la chanteuse dont son sait qu'elle ne travailla pas précisément dans la distinction.

Arletty raconte dans son livre *Je suis comme je suis* (1987) que se trouvant dans l'ascenseur de l'hôtel Négresco, à Nice, en 1950, avec Fréhel, cette dernière au rez-de-chaussée rota, au premier étage péta et au deuxième étage s'exclama : **« J'ai cru que j'allais chier ! »**

## ALPHONSE BOUDARD ET LES PERLOUSES D'UN COMPAGNON DE CAGE

Dans la préface de son roman *La Cerise* (1963) Alphonse Boudard a déclaré : **« Ce livre est écrit à la fiente, d'une plume dégueulasse qui brave l'honnêteté, les usages courants, la moindre politesse. »** *La Cerise* connut un énorme succès.

L'auteur, dans la première partie, décrit, en termes savoureusement pittoresques, ses compagnons de cellule à Fresnes (cellule 208 – 2e étage – 2e division) : un certain Otto, distingué, venant d'un milieu respectable et une sorte de gorille, né en Normandie, un spécialiste du Pet bruyant, qui arrive des colonies.

Si Otto ne s'étonnait de rien, un rien le bouleversait...

**« Je m'en suis aperçu,** raconte Alphonse Boudard, **lorsque le gros tas sous les berlues a lâché une vigoureuse perlouse, un Pet sec et sans bavure. Ah ! Il a fermé les yeux, rejeté sa chevelure de maestro en arrière. Un soupir triste.**

**" Ça fait du bien, gars ! Bon d'là ! "**

**Une voix du terroir normand que j'ai crue d'abord imitée, tellement elle était réussie. Comme accueil, c'était cordial, sans prétentions, sans chichis. Otto m'a lancé un coup de châsses, voir comment je réagissais, ça devait être pour lui un test. " Dis-moi si les perlouses t'amusent et je te dirai qui tu es. " Je réagissais pas du tout. Blindé, je suis. Il pouvait**

**flouser le lascar dans son coin, il n'arriverait jamais à cogner comme les chiottes du mitard, c'était l'essentiel. On se contente de peu. En tout cas, il ne se montrait pas, mais je n'étais pas pressé, j'allais sans doute avoir le temps de le savourer, ce balleste; mon magistrat instructeur, M. Elbron, ne risquait pas de me signer la provisoire. » (...)**

Le gorille normand n'a pas plu à ses camarades de cellule :

**« Moi, il ne m'emballait pas du tout comme compagnon de cage. J'ai eu d'abord le réflexe de renauder contre son tir d'artillerie. Vite réprimé ce mouvement d'impatience! Rien que ses paluches d'étrangleur vous coupaient toute velléité de révolte. Si je déchaînais ce King-Kong, il nous aurait pris, Otto et moi, chacun sous un bras et nous aurait réduits en bouillie, aplatis, déchiquetés, piétinés, balancés aux gogues par petits morceaux avant qu'on ait pu hasarder un geste de défense. J'étais devenu prudent avec l'âge. Il faut vraiment être fou à lier pour provoquer une guerre éclair à cause de quelques perlouses... »**

Dans son roman *Les Combattants du petit bonheur* qui eut le prix Théophraste-Renaudot en 1977 (© La Table Ronde), Alphonse Boudard fit une pause, sur le sujet, puis, voilà à nouveau des perlouses, des fusées et des pétarades dans *Le Banquet des Léopards*, publié en 1980, où l'auteur raconte le banquet organisé par « La confrérie des Léopards », dont traditionnellement les membres étaient déguisés en chevaliers du Moyen Age.

Tout se passe fort bien, jusqu'à l'instant où l'on sert les fromages... On entend alors un bruit...

**« Un curieux bruit... une pétarade foireuse! Oh! là là! l'incongruité!... Je m'excuse encore, chères et délicates lectrices, je suis bien obligé de vous chroniquer ce qui fut... ce qui fusa, pour être précis. On se regarde... Vrutt! ça n'arrête plus... la flatuosité ininterrompue! Nettement du côté du Prince que ça s'échappe... vrutt! Pas le pet sonore, joyeux de nos chambrées militaires... non, un roulement sourd... vrutt!... une sorte de borborygme anal... je ne sais comment vous l'exprimer mais ça ne s'arrête plus. Le prince gastronome, il paraît lui-même surpris de cette échappée fabuleuse. Il ne peut vraiment pas la retenir, pourtant il s'efforce... il se concentre... nous recrache en postillons son Chavignol si délicieux. L'étonnement passé... le picrate aidant... ça se met à se fendre... toute notre digne tablée... les messires et gentes demoiselles... léopardes et léopards. Éléonore se tort de rigolade... et vlaoum! elle en lâche une, elle aussi, pas une petite perlouse chochote sournoise... une mastarde bien de chez nous, caserneuse. Son mari mord sa serviette et braouf! il lui envoie la réplique! Avec toujours le roulis du Prince à l'arrière-fond sonore... lui, on dirait qu'il ne peut plus s'arrêter. Maintenant les autres convives de notre table s'y mettent... ils poussent... se soulèvent une fesse... l'autre, de leur siège, pour que ça s'échappe allegretto! Par politesse, je suis bien forcé moi de répondre, participer au concert... mettez-vous à ma place! je vais pas jouer les bécheurs, les culs coincés! Schlaf! Je leur balance une fusée**

**triomphante Saturne... je la mets sur orbite, elle tourne autour de la table.**

**Enfin notre table est en liesse perlouses... qui dit mieux... La saine joyeuse émulation! La contagion gagne nos voisins de droite, puis de gauche, c'était prévisible. Le vicomte de Casteuil lui-même, avec son sautoir de Grand-Maître de l'Ordre... Splaf! il nous rétorque en se redressant soudain, soulevant sa robe de Moyen Âge. Du coup, il recueille des applaudissements nourris et puis des réponses de toutes parts en perlouses! On a morgané des flagdas, il est vrai, avec le gigot. On a tous des munitions pour les orgues de Staline. Ça va atteindre Ap'Felturk et Joséphine. Le metteur en scène de la téloche, il ne sait plus où donner de la caméra, du micro. Il veut tout ça en son direct, il est de l'école Nouvelle Vague. Il est vrai qu'en post-synchro ça serait difficultueux à suivre sur la bande pour le doublage. Éléonore, ma nymphomane voisine, elle en peut plus... entre le rire... les flatulences! Elle n'arrive plus à se concentrer pour répondre à mon appel... une perlouse modulée joyeuse. On est tous en délire, alors... la fantastique rigolade! On s'oublie, l'expression adéquate. »**

Alphonse Boudard raconte par ailleurs cette histoire :

**« Deux mouches sont en train de festoyer sur un étron. L'une pète et l'autre de protester : " Quel manque d'éducation! Tu pourrais te retenir, tout de même, pendant que nous mangeons... " »**

## QUAND BÉRURIER S'EMMÊLE

Frédéric Dard, le fils de San Antonio, le cousin de Bérurier, l'énormidable auteur rabelaisien qui veut cacher sa sensibilité, donne quelques conseils de base dans *le Standinge selon Bérurier, un guide des bonnes manières* » (© Fleuve Noir, 1966) :

**« Puisque nous sommes entre z'hommes, dit-il, et que je veux faire un tour d'horizon très complet, je ne peux pas passer le vent sous silence, ça ne serait pas convenable ; lui aussi appartient aux petites misères de l'existence. Dans un sens, voyez-vous, c'est un bien que ma comtesse soye en retard, car autrement sinon devant elle j'aurais élucidé la question. L'inconvénient du vent, mes amis, c'est qu'on n'a aucun moyen de lutter contre lui que de serrer les noix. Mais c'est pas tout un chacun qu'a les miches étanches, hélas, hélas, hélas ! Avec ce petit effronté, pas de mouchoir, pas de rideau ou de nappe, pas de serviette. L'unique système, s'il échappe à votre surveillance, c'est de lui trouver une rime. Quand vous êtes debout, y'a qu'en faisant geindre vos godasses que vous pouvez espérer y parvenir. Assis, c'est plus facile grâce à la chaise que vous déclarez grinçante. Mais même si vous êtes doué pour les bruitages et que vous parveniez à une bonne contrefaçon, ça n'explique pas l'odeur. Le vent, c'est franchement l'enfant terrible de**

**nos ennuis. C'est à vous de juger à partir de quelle limite il nécessite une explication.**

**« Lorsque le bruit imitateur est correct et que le parfum reste dans la modestie, vous murmurez à l'oreille des gens qui vous entourent : « Dites, la marquise, elle a beau croquer des grains de café, son haleine s'arrange pas, hein ! » ou alors, si vraiment ça renifle avec violence, vous chopez une mine apitoyée pour dire : « Je ne voulais pas le croire qu'on lui avait filé un anus en matière plastique au duc de Prose-Fendu, mais on dirait que c'est vrai.**

**« Jadis, un bon truc consistait à botter le derche du chien de la maison, mais la S.P.D.A. y a mis bon ordre ! »**

## MOULOUDJI NE LE CHANTE PAS, MAIS IL EN PARLE...

La vedette de la chanson, dans un curieux roman d'humour très noir *Le Pied à terre*, publié (aux dépens de l'auteur) en 1977, narre la démarche d'un incroyable vieux chanteur devenu maître chanteur pour faire l'emplette d'un pied-à-terre au Père-Lachaise.

Il décrit ainsi, les ennuis mélan... coliques d'une chanteuse lyrique :

**« Elle était en proie à des révolutions permanentes. Diverses hordes de microbes antagonistes se livraient des combats de rue dans ses intestins, son foie, sa rate et autres lieux, sans oublier les ovaires... De toutes ces agitations, se dégageait une fermentation prodi-**

**gieuse. Ses entrailles s'enflammaient et la faisaient souffrir à tel point que malgré sa retenue, souvent obligée de se libérer de turbulences fantastiques, elle vessait comme une prison entière. Situation sans autre issue que celle imposée par la nature, pénible pour elle et pas pour autant agréable à ses proches. Ces perpétuelles éruptions finirent par lasser son époux... »**

## LE PET NAÎT DANS LES CHOUX...

René Fallet (1927-1983), grand amateur d'amitié, de vélo, de femmes et de bon vin, romancier populiste et populaire, auteur de *Paris au mois d'août, Porte des lilas,* etc., écrit en 1979 un récit picaresque *La soupe aux choux* (à l'écran, Louis de Funès tient le rôle du Bombé), où le chou a évidemment la bonne place. Or le choux, comme les haricots...

**« Le Bombé leva délicatement une fesse, émit un Pet plus foudroyant qu'un uppercut, qui monta jusqu'au contre-ut avant de s'achever par une phrase de morse en suave dégradé. (...) »**

**– « Cré bon Dieu de vieille charogne, t'as un pot de chambre de cassé dans le ventre ! »** dit Ratinier au Bombé qui explique qu'il a mangé des pois à midi, des Saint-Fiacre, sans charançons...

**« C'est vrai que ça sent pas l'insecte.**

**Le Glaude mijotait sa revanche, puissant et concentré (...) L'air retrouvait peu à peu sa**

pureté virgilienne quand, des entrailles, sinon de la terre, du moins de celles de l'ancien sabotier jaillit un hululement qui n'avait rien d'humain. C'était si déchirant, si poignant aussi que le Bombé en sursauta sur le banc. Ratinier triompha, hilare, après le couac subtil de la dernière note :

– Ho, l'ami ! Qu'est-ce que t'en dis, de celui-là ? Y faisait bien un kilomètre, un kilomètre et demi de long, non ? (...) Lard aux lentilles, expliqua le maestro sur un ton professoral. Y a pas mieux pour la sonorité. Ça fait cuivre.

Enfumé comme un blaireau dans son terrier, le Bombé se dressa sur ses pieds.

– C'est pas tenable, avoua-t-il, je vas prendre l'accordéon, ça fera un peu de brise, avec les soufflets (...). »

Ratinier se perdit un instant dans la contemplation des étoiles et allait en parler en poète, quand le Bombé lui ordonna de se taire et fit un « atroce Pet, les mains crispées sur les genoux pour l'expulser avec un maximum de force. Non, ce n'était pas Le Bal de la Symphonie fantastique. Plutôt la trompette bouchée de Bubber Miley, l'un des créateurs de la sourdine « ouah ouah », dans le Créole Love Call de la version originale de 1927. Cette exécution magistrale arracha des cris d'enthousiasme au Glaude :

– Joli ! Joli ! Ça mériterait d'être gardé pour y passer sur un phono ! (...)

Nos deux mélomanes se surpassèrent à l'intention des seuls astéroïdes, déchiffrant des partitions inconnues, égrenant des soli tonitruants égayés de duos moelleux, voltigeant du basson au tuba, du grave à l'aigu, du

**plaisant au sévère. Jamais les deux artistes n'avaient connu semblable condition physique, n'avaient participé à un tel festival de Bayreuth, n'avaient improvisé dans une aussi brillante jam-session ».** (© Denoël).

## GAINSBOURG FAIT PÉTER LES MORTS

En 1987, dans la collection Folio, les éditions Gallimard éditèrent un conte parabolique de Serge Gainsbourg : *Eyguénie Sokolov*.

Ce bref ouvrage est l'autobiographie imaginaire d'un peintre génial et solitaire, à la fois tourmenté et passionné par ses « **Pets musqués** » et ses « **vents carabinés** ».

Il raconte son enfance, troublée par ses problèmes au collège où « **son infortune de péter sans arrêt** » empestait les classes.

Cette infirmité, au Conseil de Révision, ayant été considérée comme une forme d'insubordination par les médecins-majors qui n'admettaient pas qu'on leur pétât au nez, le fit expédier dans un camp disciplinaire où ses camarades, plongés dans des transes de joie le déclarèrent « **champion du Pet, toutes catégories** », et le surnommèrent « **Bombe à gaz, l'embaumeur, Prout-Cadet, la Bombarde, le Gazégène ou Vent de Cul** »...

Ayant retrouvé son atelier d'artiste, il entreprit de dessiner à la plume en laissant sa main suivre les mouvements provoqués par ses « **bourrasques pestilentielles** ». Il parvint, en un mois, à réaliser ainsi une quarantaine de « **gazogrammes** » qui se vendirent très bien.

Gainsbourg poursuit, de Pet en Pet et de page en page, ce curieux récit, au cours duquel il fait triompher son héros par un scandale : lors d'une interview de Sokolov par un reporter de la National Broadcasting Corporation, l'illustre peintre arracha de ses mains le microphone : **« ... Je le portai d'un geste vif à mon fondement d'où j'extirpai un vent d'une telle intensité que je sentis les fèves me couler dans les jambes. Les témoins reculèrent suffoqués par l'odeur... Les Américains passèrent l'intégralité de l'interview, c'est-à-dire avec le Pet! »** On s'arracha les œuvres du maître.

A la fin du récit, Sokolov se suicide en respirant des Pets dans un masque. Il se sert pour cela d'un tuyau de caoutchouc dont il a insinué l'extrémité dans son... fondement.

Mais Sokolov ne serait-il pas tout à fait mort?

Au cimetière : **« Alors que l'un des fossoyeurs allait jeter la première pelletée de terre, et à cet instant même... retentit une déflagration sourde qui souffle le couvercle du cercueil. Eyguénie Sokolov venait de rendre un dernier soupir anal, une ultime flatulence posthume et vénéneuse à la mémoire des hommes [1]... »**

Dans cette novelette insolite, Serge Gainsbourg recherche certainement moins la provocation que l'atteinte d'un certain art. Il fait un exercice de style, pour lui-même. La grâce de son expression, qui confine parfois à l'afféterie,

1. Dans *Volpone*, film de Maurice Tourneur, 1940, avec Jacqueline Delubac, Louis Jouvet, Fernand Ledoux et Harry Baur, inspiré de la comédie de Ben Jonson (1605), pour parler d'un avare on dit : **« On tirerait plutôt un Pet d'un homme mort... »** (C'était avant que Sokolov ne pète dans son cercueil...)

en témoigne. Que l'ouvrage soit resté relativement discret donne une élégance supplémentaire à un personnage qui pourrait en avoir eu beaucoup plus qu'on ne croit [1].

## LE PET POUR LES ENFANTS

Un incroyable recueil de dessins du Japonais Shinta Cho (publié par Fukuinkan Shoten, Tokyo – 1978 – et Télédition S.A., Genève 1989) intitulé *L'Histoire des Pets*, ne traite que de cela, dans un style naïf.

On voit ainsi un éléphant qui pète :

**« Prou...t ! »** Et on lit le commentaire :

**« Un Pet d'éléphant, c'est formidable. »**

A la page suivante, un homme pète dans son bain :

**« Glou, glou, plof »** et les enfants savent désormais que : **« Les gens aussi font des Pets. »**

Plus loin, on apprend que :

**« Dans les Pets il y a de l'air que nous avons avalé et du gaz qui vient du gros intestin. Ce gaz se forme quand une partie de ce que nous avons mangé est transformé en caca par les bactéries du gros intestin. Quand on pète c'est comme si le caca frappait à une porte un**

1. L'œuvre chantée de Serge Gainsbourg traite aussi du sujet, quand il chante « des vents, des Pets, des poums » à une femme cruelle...

N'oublions pas, tant que nous y sommes, *Guerre et Pets*, l'album de Jacques Dutronc, ou *Constipation blues* de Screamin Jay Hawkins, une suite ininterrompue de bruits...

**peu ouverte. C'est pour cela que les Pets sentent mauvais. »** *(sic)*

Il est encore précisé qu'en un jour, un homme pète cinq fois (...), soit l'équivalent de cinq petites bouteilles de gaz...

Ce conseil enfin, est donné :

**« Quand on se retient trop longtemps de péter, ça peut donner mal au ventre, ça peut donner des vertiges ou mal à la tête. Donc pas la peine d'essayer de te retenir, va vite aux toilettes, pète ! »**

## ÇA PÈTE DE PARTOUT

Jean-Louis Degaudenzi, auteur de *Zone* (1988, Fixot), roman reportage hyper-réaliste de la vie du clochard, vient d'écrire *La Lamentable Épopée de Doris et Alexandre* (Fixot), celle de deux mômes de la rue, une pute et un enfant, en cavale d'amour.

La langue argotique très drue de l'ouvrage est un pudique manteau jeté sur des sentiments timides. Le Pet est là, dans diverses de ses acceptions :

**« Tu crois qu'y faut y dire à sa mère ? »** (...)

**« T'es con ou quoi ! C'est pas des trucs à porter le Pet ! »** s'exclame un des protagonistes. (...)

**« Il fit une pause, attendant la réponse de l'enfant. Lui, le regardait en faisant de son mieux pour ne pas avoir l'air de comprendre. Le poulet soupira. Un petit Pet buccal de gonzesse, aussi soft que sa chansonnette... »** (...)

**« Enfin, si ça se trouve, comme tous les sifflards, le Guytou, il était un pète hémophile, mais quand même... »** (...)

**« On se casse, Gertrude ! Il se sentit obligé de lui claquer. Et démurgea sans se retourner en pétant comme un défi la lourde derrière lui. »** (...)

**« Dans le fil, à perpète, elle soupire. (...) Il entend du Pet à l'autre bout. L'autre pétasse, l'oxygénée, qui se met derrière Doris à grincer comme une scie sauteuse. »** (...)

**« Une pétée d'oxygène puissance millésime ça fut, dans leur putain de dyoxine, ce minibreak vachement chourave. »**

## LES PETS DANS UN « SPÉCIAL SUSPENSE »...

En mars 1990, les éditions Albin Michel publièrent dans leur série « Spécial Suspense », la traduction française d'un « thriller explosif » édité en anglais en 1988, signé Tom Kakonis : *Chicane au Michigan.* Cet ouvrage contient plusieurs pages où deux personnages, Shadow et Gleep, échangent des souvenirs... devisant doctement sur les flatulences :

**« T'as jamais vu un Pet enflammé ? T' sais, on place une allumette près du trou de balle, et dès qu'il y en a un qui sort, il s'enflamme !**

**– Non, pas vraiment,** répond Gleep...

**– Moi non plus, mais j'ai assisté à des tas de tentatives... »**

Et Gleep, évoquant des souvenirs de prison, enchaîne :

**« Y avait un mec, en taule, un Noir, il pouvait péter comme un instrument de musique. Genre trombone...**

**... T'avais qu'à lui donner le titre d'un morceau et y jouait les premières notes. Et c'était juste à tous les coups !... »**

Shadow demeure sceptique :

**« Tu blagues ou quoi ?**

**– C'est la vérité, j' te jure ! J'y étais. J' lai entendu. J' lai senti aussi. Ça puait drôlement. Il pouvait imiter Frank Sinatra vraiment bien... " Strangers in the Night ", t'aurais dû entendre ça. Et à Noël : " Ô douce nuit ! "... A croire que les chants du soir étaient sa spécialité.**

**– Y a que les négros pour faire des trucs pareils ! »** ricana Shadow.

Le sujet était venu sur le tapis parce que Gleep avait les intestins noués à cause des trois hot dogs au chili qu'il s'était enfilés au déjeuner; malgré les vitres baissées, l'odeur était particulièrement nauséabonde dans l'espace confiné de la voiture.

**« Toi, le pire, c'est quand t'as bu de la bière,** décréta Gleep.

**– Et ceux au pop-corn ? Y devraient pas tarder. A côté, les tiens sentent la rose ! »**

Indifférent à la moquerie, Gleep, que le sujet passionnait, poursuivit : **« Tu connais l'histoire du type qu'est tellement sourd qu'il s'entend**

**pas péter? Suppose que tu es avec des gens et que tu sens venir un Pet qu' tu peux pas retenir. Qu'est-ce que tu fais? Tu te laisses filer en douceur, sans bruit, pas vrai? Prends le sourdingue. Comment y va savoir, être sûr à cent pour cent, s'il lâche une perle ou un obus? Hein? Je t' le demande!»**

## LE PET VAUT MIEUX QU'UN LONG DISCOURS...

... Mais il provoque un très long et très drôle exposé de Stéphane Hoffmann [1], dans un tout récent roman qui décrit avec grande et irrésistible pugnacité la haute société provinciale. Le héros du livre, à moment donné excédé par un groupe d'interlocuteurs dissertant finances et lui demandant une réponse prompte, s'écrie:

**« Ma réponse, messieurs, vous voulez vraiment ma réponse? Maintenant?**
**– Oui! hurlèrent-ils.**
**– Eh bien, ma réponse, la voici. »**

**Et, dans le silence de la nuit, le trio même s'étant tu, je pétai bruyamment.**

**« La voilà, ma réponse. »**

**Pour un beau pet, ce fut un beau pet, et qui changea la face des choses, comme il aurait dû arriver plus souvent. C'est qu'un pet fleurissant à point détend l'atmosphère et**

1. Stéphane Hoffmann, *Château Bougon*, roman, aux Éditions Albin Michel (1990). Du même auteur et du même éditeur: *Le Gouverneur distrait*, roman (1989).

ramène à hauteur d'homme les moments sublimes de l'existence. Eussent, par exemple, été bien inspirés de péter Charles I^er d'Angleterre. Louis XVI de France et Nicolas II de Russie lors de leur exécution, Roland à Roncevaux, Jeanne d'Arc sur son bûcher, le Christ en croix, tous les papes, empereurs, reines et rois lors de leur couronnement, Napoléon à Austerlitz, les triomphateurs romains, Marat lors de la visite de Charlotte Corday, Socrate buvant la ciguë, André Maurois entrant à l'Académie française, saint Paul à Damas, l'empereur Henri IV à Canossa, Catilina lorsque Cicéron lui chercha des poux dans la tête ou Neil Armstrong posant le pied sur la lune : le premier pet de l'homme sur la lune. Nul doute que l'histoire du monde eût été changée si ces gens-là avaient eu l'esprit de péter précisément à ces moments-là. On aurait bien vu que, allons, ils n'étaient pas si dangereux que cela; on se serait aperçu que ces instants d'extase que l'on pensait vivre n'étaient pas si exceptionnels et pouvaient se renouveler. Un héros pétant n'est plus un héros, mais un homme comme tout le monde, que le dernier venu peut tenter d'imiter. Ralliez-vous à mon pet!

Pourtant, le pet que je fis à ce moment-là ne rallia personne à ma cause, si j'en juge, du moins, par l'affolement qui s'ensuivit. C'est que je n'avais pas affaire à des connaisseurs. Mon pet était pourtant de qualité.

La qualité d'un pet se mesure à plusieurs critères. D'abord, la consistance. Mon pet n'était pas ce pet gras, huileux, suintant, marque des esprits bien affirmés, mais un peu vulgaires; ce genre de pet à trouer les pantalons, à creuser les coussins. Ni ce pet évanescent, qui monte tel un encens le long de la colonne vertébrale et s'épanouit jusqu'aux omoplates : le genre de pet qui convient aux esprits rêveurs, un pet de dames aux grands yeux clairs qui n'ont jamais menti, un pet de pianistes et de brodeuses. Non, c'était un pet subtil.

Ensuite, la chaleur. Mon pet n'était pas le pet cuisant, qui embrase les fesses et fait se tortiller sur son siège; ou le pet tiède qui relâche les muscles, apaise l'esprit et appelle la sieste; ou encore le pet glacé, marque de colère, qui fait se redresser et serrer les poings.

Vient ensuite la longueur. Mon pet n'était pas de ces petits pets brefs comme des points d'exclamation, les sourcils dressés, les dents serrées; ni un de ces pets longs comme un abandon, pets de sofas, de boudoirs, de déshabillés entrouverts; encore moins un de ces pets à répétition, qui n'expriment pas leur pensée d'un seul coup, qui parfois hésitent, bégaient, en rajoutent, changent de ton, martèlent; ni un de ces pets timides, qu'il faut aller chercher jusqu'au fond des entrailles et pousser à s'exprimer; ni un de ces pets incompressibles, qui s'imposent à toute force et font sursauter; ni un de ces pets qu'on voit venir de loin.

Un pet se juge aussi par son bruit. Mon pet ne fut pas de ces pets pétaradants, épanouis, proclamant sans honte leur droit à l'existence; ni de ces pets feutrés, qui ne veulent pas déranger, qui prennent les patins, ne font que passer et demandent qu'on fasse comme s'ils n'étaient pas là; ni de ces pets tonnant, sommant qu'on s'intéresse à eux et laissent tout ébaubi; ni de ces pets qui glissent, frôlent et caressent dans un long sifflement; ni de ces pets ahanants, lamentables, rampants, qui se traînent et gémissent. Non, mon pet fut sonore, grondant, effrayant, de ces pets qui en disent long en laissant entendre qu'il ne tiendrait qu'à eux d'en dire bien davantage. Mon pet fut presque parfait.

Presque parfait, car son odeur se perdit. Pourtant, le meilleur du pet est dans son parfum. C'est par son parfum qu'il se révèle, c'est par son parfum qu'il s'impose à la vie. On peut, dans les circonstances graves, réprimer le bruit d'un pet : il suffit de serrer les fesses, ce qui est fortement déconseillé car on imagine bien que le gaz cherchera de toute façon à sortir et remontera le long des boyaux jusqu'à la bouche, où il se transformera en rot sonore, puant et sale jusqu'à en noircir les dents. Mais on ne peut retenir son parfum.

Le parfum d'un pet est généralement d'une suavité capiteuse. Il entête, il assomme, il asphyxie. Puis il se disperse, se dilue, se répand, disparaît. La vie d'un pet est assez furtive et tragique pour qu'on en ait pitié, pour qu'on ne cherche pas à l'étouffer. Qu'ils soient hoquets, haleines, souffles ou soupirs, respectons nos pets, car ils sont une émanation de nous-mêmes, un signal de notre organisme, un plaisir qui fait frissonner et qui nous renseigne.

C'est que les pets, c'est un peu comme les enfants : on supporte les siens, et jamais ceux

**des autres. On fait même mieux que les supporter : on les aime, on est fasciné par eux. On les hume, narines grandes ouvertes, cherchant à ne rien perdre de leur message. Car, au fond, les pets sont, avec les rots – mais laissons cela –, les seuls messages spirituels de notre corps. Peut-être est-ce même un peu de notre âme qui s'en va à chaque fois. Nos pets ne sont pas perdus, notre ange gardien les recueille pour en faire un grand bouquet qu'il offre au Seigneur. Et c'est ainsi que se forme notre âme. Nos pets, ne l'oublions jamais, sont ce que nous avons de meilleur. Voilà pourquoi il est malséant et choquant de vouloir les dissimuler à l'époux. Vouloir cacher ses pets est pire encore que vouloir cacher ses pensées. Vouloir cacher ses pets, c'est mentir, c'est trahir... »**

Tout compte fait, M. Hoffmann a peut-être raison !...

***

Jean-Marc Bigard, jeune comique en vogue, fait partie de la nouvelle génération des amuseurs, décapés des fioritures et décapants aussi parce qu'ils collent parfaitement aux travers du temps.

Bigard, dans son spectacle du Splendid, en 1990, à Paris, a largement joué du Pet :

**... « Tout le monde fait des Pets; on n'en parle jamais, pourquoi ? (...) Les ministres, les présidents, le pape... Ils pètent. Tout le monde pète (...) François Mitterrand, pré-**

**sident de la République française, il pète, comme vous et moi [...] Il est dans sa bagnole, quatre motards devant, quatre motards derrière... Il pète (bruit de Pet). C'est pour ça qu'il y a la vitre entre le chauffeur et lui. C'est pour protéger le chauffeur. Qui pète aussi. C'est des bagnoles où on peut péter »...**

## UNE RUMEUR...

Au Palais-Royal, dans *Rumeurs*, (1991) pièce de Neil Simon, Jean Poiret raconte l'histoire d'une dame qui va voir son gynécologue, parce qu'elle croit être enceinte. Le gynécologue qui lui reproche de venir pour la troisième fois à ce propos, la rassure à nouveau en lui affirmant qu'elle n'est pas enceinte, que son ballonnement est dû à des gaz, qu'elle fait de l'aérophagie.

Trois ans plus tard, le gynécologue rencontre sa patiente dans la rue. Elle promène un petit garçon de trois ans. Il s'étonne. **« Ah, vous avez un enfant? » « Non,** lui répond la dame, **ce n'est qu'un petit vent que j'ai habillé en marin... »**

***

Durant la dernière quinzaine d'avril 1991, une campagne d'affichage fut organisée par la société Avenir.

Dans une première étape, seul **« Proutt »** apparut.

Dans une seconde étape, l'affiche fut barrée d'un bandeau : Créatifs, si vous avez une meilleure idée d'affiche, participez au concours Avenir : « Mon affiche à moi. »

***

1991

**« ... Je ne me consolerai jamais de n'avoir pas connu le Pétomane. »**

(Philippe Bouvard,
*Le Figaro Magazine*, 11 mai)

APPENDICE

# L'IMPORTANCE DU PET

## par le Docteur Jacques ROUSSILLAT

**Un spécialiste du nez paraissait tout indiqué pour parler, en médecin, du Pet.**

*Voici ce que ressent Jacques Roussillat, otorhinolaryngologiste :*

Chaque jour que Dieu fait, des milliers de malades, opérés de l'abdomen, d'une loge rénale, depuis deux ou trois jours, attendent, sont aux aguets dès l'aurore. Pour eux, une seule question : vont-ils avoir enfin leurs gaz? En effet toute agression chirurgicale sur l'abdomen provoque, par voie réflexe, une sidération de l'appareil intestinal qui ne reprend que peu à peu sa motilité naturelle.

Cela demande deux, trois ou quatre jours. Cette notion de physiopathologie chirurgicale se transmet dans les familles de mère en fille et dès le lendemain de l'intervention les proches attendent le symptôme qui marquera le début de la convalescence, l'émission du premier gaz.

Le paysan a pris la pose, la nuque sur le mouchoir à carreaux; le couteau est plié dans le tiroir de la table de nuit et la grand-mère, en bas de laine noire, attend, debout, le long du lit.

L'universitaire, le visage vidé par la peur, a repoussé ses livres; le structuralisme attendra, on s'occupe pour le moment de météorisme et cela ne va pas sans quelques grimaces. Le commerçant, habitué à voir du monde, veut qu'on lui parle, que le chirurgien s'arrête un instant; la parole, les bons mots, c'est sa couverture chauffante. L'enfant, ignorant de tout, pleurniche et s'occupe de son pouce. On attend.

Oui, l'émission rectale de gaz intestinaux est un fait physiologique normal et bien réel; il ne s'agit nullement d'une incongruité déplacée ou malsaine. On a calculé qu'en moyenne un sujet présentait 13,6 émissions gazeuses par l'anus et par jour. Chaque émission voit son volume varier entre 15 et 100 ml, ce qui fait que chaque jour, un sujet normal évacue de 200 à 2 000 ml de gaz, soit 600 ml en moyenne, par jour, pour un sujet en bonne santé. La fréquence des émissions diminue dans les périodes interprandiales et augmente dans l'heure qui suit les repas.

D'où viennent ces gaz?

Ils proviennent de l'air avalé lors des repas, lors de la déglutition de la salive entre les repas (déglutitions multipliées chez les anxieux), de l'activité chimique intestinale et enfin de la diffusion sanguine (les gaz passent du sang dans la lumière intestinale).

On avale de l'air, donc surtout de l'oxygène ($O_2$) et de l'azote ($N_2$). L'hydrogène ($H_2$) et le méthane ($CH_4$) viennent surtout de la production intestinale. On avale beaucoup d'oxygène, mais la teneur en oxygène décroît à mesure qu'on se rapproche du rectum; l'oxygène est utilisé par les bactéries de la flore intestinale, aussi les gaz rectaux sont-ils pauvres en $O_2$.

Dans le rectum, c'est l'azote qui prédomine. Il provient de l'air dégluti et de la diffusion sanguine. L'azote, le méthane et l'hydrogène représentent alors les gaz principaux.

L'oxyde de carbone ($CO_2$) est le produit terminal du métabolisme aérobie et anaérobie de tous les subtrats énergétiques (protides, glucides, et lipides).

L'hydrogène ($H_2$) est le produit exclusif de la fermentation bactérienne. Il provient de la fermentation des hydrates de carbone dans le colon. Le méthane est le produit exclusif des bactéries anaérobies coliques.

Les principaux gaz intestinaux sont donc : $O_2$, $N_2$, $CO_2$, $H_2$, $CH_4$. Ces gaz sont inodores. Les autres gaz sont à l'état de traces ($SH_2$ par exemple) et sont malodorants.

Les gaz intestinaux varient dans leur volume et leur composition. On sait depuis longtemps dans les familles que les légumes, les céréales, les choux, surtout les choux de Bruxelles, les haricots blancs, augmentent le volume des gaz intestinaux. Enfant, je suivais souvent un retraité des chemins de fer dans son potager. Quand je lui demandais quelle variété de haricot il déposait, doigts tendus, au fond de la raie, le vieux, la main dans la poche ventrale de son tablier bleu me répondait, sûr de son effet : « Des Soissons-double-coup ! » Le cheminot sous-estimait la réalité : les haricots blancs augmentent de 11 fois le volume gazeux excrété, le débit passe de 15 à 176 ml/h.

L'émission excessive de gaz rectaux inquiète les malades et provoque une gêne sociale. Ce dérèglement semble dû avant tout à une malabsorption d'un substrat fermentable. Dans les cancers coliques, l'excrétion du méthane serait doublée.

Pour diminuer le volume des émissions gazeuses rectales, il faut d'abord conseiller l'arrêt du tabac et du chewing-gum. On évitera les boissons gazeuses, les pommes, les soufflés, les cakes, les meringues. On évitera aussi : oignons, haricots blancs, blancs d'œufs battus, pain, pommes de terre, pâtisseries, aubergines, agrumes, céleris, carottes, raisins, bananes et choux. En fait, c'est à chaque malade de détecter les aliments responsables de son dérèglement intestinal et de les exclure (plus ou moins) de son régime. On conseillera des médicaments calmants pour ces anxieux.

Pour ce dernier paragraphe, je vais sortir de mon rôle de technicien pour un souvenir datant de mon installation. Je devais saluer tous les confrères de la ville et de la région et n'avais pas omis le Dr X. que la rumeur classait dans la catégorie « vieil original ». A l'improviste, je sonnai chez lui, un peu avant quatorze heures, pour ne pas empiéter sur sa consultation. Une femme d'âge mûr m'ouvrit et m'introduisit dans la salle d'attente. Là, en diagonale de mon siège, un homme attendait lui aussi, immobile et muet. Je l'observais. Au bout de cinq minutes, il souleva une fesse et émit un Pet. Quelques instants plus tard il récidiva puis une troisième fois, peu après. Je vis là comme un signe me concernant : je pris la porte. Les jours suivants je subodorai que c'était mon confrère en personne que j'avais côtoyé dans sa salle d'attente. Il avait voulu me manifester, sans doute, son dédain de la déontologie, voire de la médecine moderne que je devais incarner à ses yeux...

## TABLE DES MATIÈRES

*Cet ouvrage a été réalisé par la*
*SOCIÉTÉ NOUVELLE FIRMIN-DIDOT*
*Mesnil-sur-l'Estrée*
*pour le compte des Éditions Ramsay*
*en février 1992*

*Imprimé en France*
Dépôt légal : octobre 1991
N° d'édition : 2250 – N° d'impression : 20142